AF571214

Symbolisme et dramaturgie de Maeterlinck, dans « Pelléas et Mélisande »

Univers Théâtral

Collection dirigée par Anne-Marie Green

On parle souvent de « crise de théâtre », pourtant le théâtre est un secteur culturel contemporain vivant qui provoque interrogation et réflexion. La collection *Univers Théâtral* est créée pour donner la parole à tous ceux qui produisent des études tant d'analyse que de synthèse concernant le domaine théâtral.

Ainsi la collection *Univers Théâtral* entend proposer un panorama de la recherche actuelle et promouvoir la diversité des approches et des méthodes. Les lecteurs pourront cerner au plus près les différents aspects qui construisent l'ensemble des faits théâtraux contemporains ou historiquement marqués.

Dernières parutions

Samar HAGE, *Bernard-Marie Koltès. L'esthétique d'une argumentation dysfonctionnelle*, 2011.
Elise VAN HAESEBROECK, *Identité(s) et territoire du théâtre politique contemporain, Claude Régy, le Groupe Merci et le Théâtre du Radeau : un théâtre* apolitiquement *politique*, 2011.
Françoise QUILLET, *L'opéra chinois contemporain et le théâtre occidental, Entretiens avec WU Hsing-Kuo*, 2011.
Françoise QUILLET, *Arts du spectacle, Identités métisses*, 2011.
Emmanuelle GARNIER, *Les dramaturges femmes dans l'Espagne contemporaine*, 2011.
Françoise QUILLET, *Le théâtre s'écrit aussi en Asie (Inde, Chine, Japon)*, 2011.
Salah EL GHARBI, *Yasmina Reza ou le théâtre des paradoxes*, 2010.
Marjorie SCHÖNE, *Les figures géométriques et arithmétiques dans le théâtre d'Eugène Ionesco*, 2009.
Jean VERDEIL, *L'acteur et son public. Petite histoire d'une étrange relation*, 2009.
Stina PALM, *Bernard-Marie Koltès, vers une éthique de l'imagination*, 2009.
Romuald FÉRET, *Théâtre et pouvoir au XIXe siècle. L'exemple de la Seine-et-Oise et de la Seine-et-Marne*, 2009.

Michel Bosc

Symbolisme et dramaturgie de Maeterlinck, dans « Pelléas et Mélisande »

L'Harmattan

5-7, rue de l'École-Polytechnique ; 75005 Paris
http://www.librairieharmattan.com
diffusion.harmattan@wanadoo.fr
harmattan1@wanadoo.fr
ISBN : 978-2-296-55370-5
EAN : 9782296553705

" J'ai peur du froid - Ah ! J'ai peur des grands froids..."

(Acte V, Scène II)

Né en 1963, Michel Bosc est compositeur. Son œuvre, qui compte plus de 200 pièces, aborde la musique de chambre, la musique symphonique, la musique sacrée, la mélodie ou l'opéra. Elle a notamment été jouée à Paris, Lyon, Tours, Strasbourg, Lille, aux Etats-Unis, au Japon, en Espagne, en République tchèque et en Israël. Plusieurs pièces ont été publiées chez Wolfhead music (USA) et WMF Ellis (France). Michel Bosc a écrit plusieurs articles et études sur des sujets ayant trait à la musique baroque et à son interprétation (*Musique baroque française, splendeurs et résurrection)*. Il est également l'auteur des romans *Marie-Louise – L'Or et la Ressource* et *Poste restante.*

Site internet : *www.michelbosc.com*

Avant-propos

Cet essai se propose d'étudier la pièce de Maurice Maeterlinck, *Pelléas et Mélisande,* dans son édition de 1902, afin d'atteindre une intimité objective avec un texte souvent mal compris.

Une première partie nous permettra de débusquer, dans la biographie de l'auteur, toutes les clés nécessaires à l'ouverture des « tiroirs » de cette œuvre. Influences, expériences, quêtes et cheminement personnel de Maeterlinck nous éclaireront sur la genèse d'un chef d'œuvre et sur les sédiments qui l'ont nourri.

Dans une deuxième partie, nous adopterons une démarche objective. Nous nous appliquerons d'abord, scène par scène, à découvrir la pièce (« l'œuvre »), grâce à des résumés de ce qui s'y déroule. Un autre volet (« la lecture »), consistera, d'une part, à relever tous les symboles auxquels Maeterlinck a recours et à les mettre en abyme avec leurs récurrences dans la totalité de son œuvre théâtrale, afin d'en mettre la signification et la portée en évidence. Le cas échéant, ils seront mis en miroir avec des courants littéraires ou picturaux dont l'influence sur l'auteur est indubitable et historiquement avérée. L'art même de Maeterlinck tend à nous détourner de cette lecture objective au profit de la musique du texte, d'un charme insinuant, véritable écran de fumée dramaturgique libérant un espace entre le mot et l'inspiration qu'il suscite. D'autre part, il s'agira de remonter à la source (le texte seul) et de confronter les propos d'un personnage d'une scène sur l'autre, afin de dépasser les mots, en apparence anodins mais jamais gratuits, et d'atteindre l'intention de l'auteur à travers les répliques (répétitions, contradictions, évolutions). L'enjeu est de mieux décrypter la nature des personnages, de mesurer le poids réel que Maeterlinck donne à leur volonté, la volatilité qu'il confère à leurs intentions, les pistes qu'il propose pour approfondir notre connaissance de chacune de ses créatures, le degré d'intimité que nous pouvons atteindre avec elles. S'il ne s'agit en aucun cas d'un théâtre « psychologique », de nombreuses clés nous sont tout de même livrées par les contradictions, les errements, les hésitations, les mensonges ou les lapsus exprimés dans les rôles, pour nous les rendre vivants ; ces clés sont multiples, précieuses et doivent être utilisées comme autant de preuves à conviction. De cette confrontation des mots surgit la véritable nature de protagonistes généralement (et hâtivement) considérés comme des spectres, fuyants et inconsistants.

Ainsi confronté à ces deux univers, le texte retrouvera les véritables résonances de son symbolisme ; ses intentions deviendront plus évidentes et des pistes plus précises seront proposées à sa lecture.

Une dernière partie nous invitera à un questionnement sur le *verbe* de Maeterlinck et son oralité. Un tel texte ne peut être lu indifféremment : il use de procédés sonores et joue avec les timbres. Les enjeux oraux sont donc lourds, qu'il s'agisse de la mise en scène de la pièce ou de l'opéra de Debussy tiré de la première version de l'œuvre. Un temps de réflexion est nécessaire pour les mesurer et en tirer des choix.

PREMIERE PARTIE

Sur les traces d'un chef d'œuvre

Une œuvre, un rêve

Pelléas et Mélisande ! L'opéra de Debussy, qu'il préférait qualifier de drame lyrique, a pris le pas, et de très loin, sur toutes les œuvres musicales inspirées du même thème : musiques de scène de Gabriel Fauré et de Jean Sibelius, suite d'orchestre de William Wallace, poème symphonique d'Arnold Schönberg. Ses rivales pouvaient sembler trop réductrices, trop anecdotiques ou trop impérieuses au vu d'un sujet fuyant, énigmatique, d'une ambiguïté ténébreuse, cultivant le mystère et la suggestion.

La partition de Debussy séduisit les musiciens pour ses sortilèges harmoniques d'un raffinement troublant, prolongeant par endroits l'esprit du *Parsifal* wagnérien pour mieux s'évader de ce modèle aux tendances castratrices. L'œuvre du Français réinventa si bien l'opéra qu'elle demeura sans descendance. Modèle trop sublime, trop exclusif pour être servilement copié, il ne fut jamais dépassé par Debussy lui-même, dont les tentatives lyriques ultérieures, toutes avortées, ne parvinrent à briser le moule initial. Miracle de prosodie, d'harmonie, d'instrumentation : la perfection de l'œuvre musicale s'imposa à un exceptionnel et historique degré de raffinement.

La recherche de qualité n'aboutit pas toujours à la popularité. Beaucoup de mélomanes ne trouvèrent pas leur compte dans l'opéra de Debussy : exigeante, c'est plutôt à de véritables musiciens, mûrs et aboutis, que l'œuvre s'adresse. L'on n'y trouve aucune pyrotechnie vocale, aucun morceau de bravoure, ni grand thème ni romance, ni scène d'ensemble de nature à soulever les foules. Cette œuvre, refusant à racoler, ne consent nul divertissement qui risquerait de distraire du seul service de la narration. Les croqueurs de bel canto en furent pour leurs frais et la qualifièrent, non sans raison, d'ailleurs, d'anti-opéra. Cette frustration gagna parfois les chanteurs, contraints de se glisser non dans la peau, mais dans l'âme furtive de personnages énigmatiques dont la nature, en demi-teinte, échappe aux stéréotypes coutumiers de la scène lyrique. Les metteurs en scène se heurtèrent eux aussi, en cette œuvre, à d'âpres difficultés. Certains tombèrent dans un encombrement symboliste approximatif, d'autres dans une stérilisante et statique vacuité ; d'aucuns tentèrent des pistes véristes ou naturalistes, forcément erratiques. Souvent, l'esquive maladroite d'éléments risquant de passer pour surannés ou l'intrusion lourdaude de psychologie ou de freudisme polluèrent gravement la représentation. Beaucoup de ces propositions échouèrent donc, en ce qu'elles demeurèrent étrangères à l'âme de l'œuvre, tentant de meubler un espace dont beaucoup de metteurs en scène n'eurent pas le courage de s'emparer, ou dans une tentative désespérée de combler un vide terrorisant. Pour une œuvre dont le texte et la musique s'avèrent non moins exigeants l'un que l'autre (tout comme la présence et l'absence, le bruit et le silence), l'esprit de la mise en scène devrait davantage servir leur propos et savoir s'effacer devant eux.

La création de l'opéra se heurta d'emblée à une incompréhension évidente. Oublions l'affaire, tristement célèbre, qui opposa Maeterlinck à Debussy, et souvenons-nous… Théodore Dubois, directeur du conservatoire auteur d'un célèbre et orthodoxe traité d'harmonie, interdit aux élèves de son établissement d'aller écouter *Pelléas*. Le directeur des Beaux-Arts, Henry Roujon, qualifia de *« honte nationale »* l'ajout de cette œuvre au répertoire de l'Opéra comique.

Certaines personnalités, à la création de l'opéra, furent tout d'abord critiques : Catulle Mendès, Jules Renard, Eugène d'Harcourt, Reynaldo Hahn, Willy ; Vincent d'Indy, qui devint finalement un fervent défenseur de l'œuvre. Deux musiciens manifestèrent un grand trouble perplexe : Jules Massenet, Erik Satie ; Gabriel Fauré demeurait méfiant d'instinct envers la musique de Debussy. L'opéra ne rencontra pourtant pas que de l'hostilité et d'ailleurs, la reconnaissance suivit assez tôt le scandale de la première heure. Les compositeurs Charles

Koechlin, Paul Dukas, Henri Rabaud, Gabriel Pierné, Maurice Delage, André Messager qui dirigea la première exécution, l'écrivain Georges Duhamel et un bataillon d'enragés (Emile Vuillermoz, Edmond Maurat, Léon-Paul Fargue, Désiré-Maurice Inghelbrecht) assurèrent une partie du succès de l'œuvre. Ainsi, au choc de la première, suivit une reconnaissance relativement rapide.

Aujourd'hui, d'une manière générale, les productions rechignent à la quête d'une véritable intimité avec l'esprit de la création originale, dont on connaît notamment les décors de Lucien Jusseaume, utilisés six fois à l'Opéra comique, de 1902 à 1927, et que Raymond Deshays a reconstitués en 1952. Ils nous tracent des voies esthétiques précises. Le cas n'est pas isolé : il en est ainsi de Wagner à Bayreuth, où chacun affirme, sans le justifier jamais, que sa musique ne saurait en aucun cas être restituée comme lors de la création des opus. Volonté moderniste ou peur de l'intégrité ? Le débat reste ouvert, sans doute pour longtemps. Cependant, tenter un jour l'expérience de la reconstitution susciterait un profond étonnement, voire un choc. Des évidences surgiraient, des correspondances se rétabliraient, des clartés s'illumineraient, des clés seraient restituées. Millicent Hodson et Kenneth Archet, en restaurant l'original *Sacre du printemps* de Stravinsky, avec ses décors, ses costumes et sa chorégraphie, ressuscita dans le même temps une infinité de résonances ; intentions, sens, propos du ballet s'imposaient à nouveau, perdus de vue depuis bien longtemps. Lectures et relectures de l'opéra de Debussy tentent successivement de s'évincer l'une l'autre, entrant en concurrence dans un débat qui tend à s'interposer devant l'œuvre en l'occultant parfois complètement.

Selon un usage désormais fréquent, la mise en scène s'inspire souvent non de l'époque et du lieu indiqués par le livret, mais de ceux où le compositeur vécut (ainsi, la Grande guerre, au sortir de laquelle Debussy mourut). La trouvaille, devenue d'originale à conformiste, crée un écran supplémentaire entre le spectateur et la narration, par l'ajout d'un deuxième niveau de lecture. Les hauts-de-forme et les pavillons Baltard peuvent, à la rigueur, s'intégrer dans le *Faust* de Gounod, récit littéral et objectif, mais *Pelléas et Mélisande* est plus exigeant et son écoute ne devrait souffrir aucune distraction. Au sujet des mises en scène de l'œuvre qui nous occupe, il conviendrait donc de s'interroger sur la nécessité d'une approche aussi systématiquement distanciée. Un retour au simple texte s'avérerait plus profitable que semblent le redouter certains.

L'opéra de Debussy est devenu l'arbre qui cache la forêt. Il n'est pas tiré d'un livret, mais d'une véritable pièce de théâtre. Pas de n'importe quel théâtre, de surcroît. C'est l'ouvrage d'un grand auteur pétri de culture, nourri de philosophie, qui élabora au gré d'une œuvre imposante et éminemment personnelle plusieurs étapes d'une esthétique profonde, aux ramifications complexes, exerçant sur l'esprit du public un travail de réflexion et de résonances, ouvrant pour lui des horizons inconnus, infinis, dont l'exploration relève de l'introspection autant que du rêve ou de la résurgence. *« Le public, habitué à être ému par des moyens aussi faux que grandiloquents, n'a pas compris tout de suite qu'on ne lui demandait qu'un peu de bonne volonté »,* résuma, avec justesse, le compositeur. Qui d'autre que Debussy, d'ailleurs, pouvait y greffer une musique assez fluide, assez vaporeuse, assez ambiguë pour porter et prolonger le texte sans l'écraser ni le contraindre ? Le choix du compositeur souligne sa conscience aiguë des besoins, sa parfaite connaissance d'un cadre dans lequel exercer pleinement son génie. Dès 1889, interrogé par Maurice Emmanuel, Debussy définissait prophétiquement le poète idéal pour sa musique : *« Celui qui, disant les choses à demi, me permettra de greffer mon rêve sur le sien [...]. Je rêve de poèmes qui ne me condamnent pas à perpétrer des actes longs, pesants ; qui me fournissent des scènes mobiles, diverses par le lieu et le caractère ; où les personnages ne discutent pas, mais subissent la vie et le sort ».* L'on conçoit ce que cette rencontre d'un compositeur et d'un texte a eu de prédestiné ! Dès son séjour à Rome, n'écrivait-il pas à Guiraud : *« J'ai le malaise inexprimable des choses qui ne se sentent pas à leur place »,* paraissant plagier Maeterlinck lui-même ? Le compositeur précisa utiliser un nouveau moyen d'expression : le silence, *« peut-être la seule façon de faire valoir l'émotion d'une phrase »*, et il ajouta : *« La musique est faite pour l'inexprimable ».* Cet inexprimable, l'écrivain y consacra précisément toute son œuvre.

Cette rencontre d'un auteur et d'un compositeur, pour prédestinée qu'elle pût paraître, n'éclata pas aux yeux de tous. Musicien averti, André Boucourechliev ne vit jamais dans le texte qu'un insipide et mesquin drame bourgeois *« avec des plages d'une inutilité ou d'un prosaïsme proprement stupides », « d'un maniérisme insupportable ».* C'est là ce qui s'appelle n'y rien comprendre. Cet emportement n'est pas exceptionnel. Gaston Compère, dans son ouvrage consacré à l'écrivain, livrait des humeurs, souvent mauvaises. Il trouva d'ailleurs que, tout génial qu'il pût être, Debussy, ayant eu affaire à une œuvre littéraire ayant ses propres lois, n'avait mis en musique que la surface du drame de Maeterlinck. C'est évidemment une méprise sur le rôle et la mission d'un compositeur, car la musique, elle aussi, a ses propres lois, et le rôle du compositeur n'est pas de disparaître derrière un texte, quel qu'il soit, mais de le rencontrer, et de créer une œuvre qui soit aussi la sienne.

Il est vrai que l'on entre chez Maeterlinck comme dans une cathédrale ; l'œuvre de Wagner, celle de Proust, pour ne mentionner que deux exemples, constituent de semblables chapelles, dont les adorateurs se font des religions ferventes et exclusives. Ils en deviennent possessifs, jaloux ; ils s'aveuglent fréquemment et frisent parfois la mauvaise foi.

En tout état de cause, il faut du temps, une démarche, pour mesurer la portée de cette œuvre, prendre ses marques au milieu des signes et symboles dont Maeterlinck sème ses chemins. La scène lyrique, dont les productions défilent au gré d'agendas chargés, d'emplois du temps tendus et de rentabilités aveugles, ne s'encombre guère de maturation. Les chanteurs sont contraints d'enfiler les rôles à la vitesse d'une cabine d'essayage ; souvent, l'approfondissement technique prend le pas sur la maturation psychologique du rôle, atteinte au moment de transmettre à un élève, à un âge où la voix ne permet souvent plus d'interpréter le personnage. Pour aborder *Pelléas,* il n'existe guère d'œuvre susceptible de servir de marchepied, d'éclairage, voire de modèle ; seuls, les contre-exemples se peuvent trouver à foison et, pour la plupart, ils imprègnent notre culture opératique.

Le « grand » public, quant à lui, est de plus en plus nombreux dans les salles d'opéras, et il faut s'en réjouir. Il y vient, porté aussi par un effet de mode, par l'illusion d'accéder à un art réputé supérieur et aristocratique, et poussé par l'action vulgarisatrice des billetteries et des entreprises. Ce public attend de l'opéra des sensations fortes, des performances vocales, des airs connus, des mises en scène spectaculaires susceptibles de le distraire de la musique parfois trop exigeante. C'est aussi pourquoi la plupart des productions sont schizophrènes, la vision du metteur en scène se superposant sans complexe à l'œuvre, quand elle n'y est pas contraire et hostile. Il faut y voir l'envie d'exceller dans une lecture personnelle, mais il serait hypocrite de ne pas y relever parfois la preuve d'un évident cabotinage, méprisant l'œuvre pour mieux lui voler sa visibilité. Si, pour des pièces familières, l'expérience peut ne pas être si gênante (combien de *Carmen* revisitées nous ont laissé des souvenirs attendris !), elle devient cauchemardesque en présence d'un joyau dont le sens profond dépend de l'intégrité.

Cet essai va donc tenter de proposer une lecture de l'œuvre en remontant à sa source : la pièce de Maeterlinck elle-même. Des clés nous en seront fournies par l'œuvre de l'auteur, théâtrale et poétique. Peu à peu, des voiles se lèveront sur certaines obscurités ; *Pelléas et Mélisande* surgira, non plus isolé, comme l'opéra de Debussy semble le demeurer parmi les chefs-d'œuvre lyriques, mais inclus dans la vision créatrice d'un génie, au milieu d'autres trésors qui en prolongent le rayonnement, les mystères et les sortilèges. L'œuvre a davantage été interprétée qu'étudiée. Des lectures en ont été faites, sous des éclairages variés (mythes, psychanalyse, histoire politique, symbolique maçonnique ou rose-cruciste) ; elles demeurent souvent périphériques à l'œuvre elle-même à force de vouloir la contraindre à ces éclairages. Trop anglées, elles se polarisent sur un aspect possible et, focalisées sur une idée unique, elles s'éloignent du texte au prétexte de l'analyser de près. C'est que chacun voudrait garder pour soi « son » *Pelléas et Mélisande* et réfute, rejette ou abhorre toute autre lecture et même tout autre niveau de lecture. Le texte, en outre, se prête bien davantage à la rêverie qu'à l'analyse. Comment en vouloir à certains érudits s'ils ont confondu l'étude du texte, et celle de leurs fantasmes, suscités par ce même texte ?

Certes, les chefs d'œuvre de l'histoire sont sans cesse revisités au gré des époques et de leurs préoccupations, échappant trop souvent à la capture ; à la fois étrangère, familière et universelle, leur essence seule demeure.

Appréhender cette œuvre dans son sens premier, peut-être le seul véritable, d'ailleurs, ne pourra qu'être profitable à tous, du metteur en scène au chanteur. L'un s'en trouvera incité à mieux servir l'œuvre, à en libérer des énergies dormantes, à en exploiter des raffinements ; l'autre, guidé par ces éclaircissements, s'y sentira plus confortable, plus naturel, pourra mieux gérer sa présence scénique. Il pourra peut-être se libérer de possibles inhibitions, abandonner les habitudes contractées au gré d'un métier difficile, toujours trop stressant et urgent. L'un et l'autre devraient se positionner plus spontanément et mieux maîtriser les exigences de l'œuvre. Le public enfin, concrètement armé du bagage esthétique de l'auteur, n'en goûtera que davantage ses subtilités et ses correspondances.

Lumières biographiques

Il ne s'agira pas ici d'une reconstitution dans le détail de l'existence d'un homme dont, par ailleurs, la discrétion fut un trait dominant. Une biographie nous éloignerait de notre propos. La connaissance des principaux aspects de la vie d'un auteur n'est cependant jamais inutile. Elle jette quelques traits de lumière sur des entités qui hantent son œuvre ou sur des composantes qui s'y intègrent. Elle permet enfin de relier l'homme à son art et de rendre ce dernier plus vivant encore.

Maurice Polydore Marie Bernard Maeterlinck naquit le 29 août 1862 en Belgique, à Gand. C'était l'aîné d'une famille flamande bourgeoise, conservatrice et catholique, dont la brillante généalogie remontait sans peine au XIVe siècle. Son père possédait des terres ; d'un fort tempérament, il s'apaisait en jardinant. L'immobilier avait fait la fortune de la famille de sa mère, une femme douce, humble et chaleureuse. Le foyer menait une vie cossue et douillette, malgré les caprices extraconjugaux du père. Conformément aux usages de la bonne société gantoise, le flamand ne servait qu'à s'adresser au personnel domestique : l'on ne parlait que français.

Gand poursuivait depuis près d'un demi-siècle une constante expansion démographique. La ville florissait grâce aux manufactures de filages et de tissage, héritées de la tradition drapière médiévale. Aux confins de la Lys et de l'Escaut, arrosée de la Lièvre et de la Moert, la ville semblait vouée à l'eau. Son nom ne provenait-il pas du gaulois *ganda*, signifiant *confluent* ? Venu l'évangéliser, Saint Amand fut précipité dans l'Escaut. Pour relier la ville aux ports de la mer du Nord, des canaux furent creusés dès le XIIIe siècle : à la naissance de Maeterlinck, le canal de Bruges, le canal de ceinture, le canal de Terneuzen la sillonnaient en miroitant.

L'eau semblait vouée à hanter l'imaginaire de Maeterlinck. Bien avant de devenir l'un des personnages de *L'Oiseau Bleu,* elle fut l'objet d'une expérience marquante pendant l'enfance. Il la raconta à deux reprises, dans *Le Sablier* tout d'abord (1936) puis dans les souvenirs réunis de *Bulles bleues* (1948). Etant tombé dans le canal, il fut saisi d'une crampe et commença à couler. *« J'avais franchi la grande porte sans m'en apercevoir. J'avais vu, un moment, une sorte de ruissellement prodigieux. Aucune souffrance, pas le temps d'une angoisse. Les yeux se ferment, les bras s'agitent et l'on n'existe plus ». « J'eus simplement l'impression d'immenses et féeriques colonnes d'eau qui se déroulaient devant mes yeux »*, précisa Maeterlinck dans une correspondance de 1918. Un endormissement onirique, un engourdissement de l'âme : la noyade, notamment évoquée dans *Alladine et Palomides,* ne revêtait pour lui aucune horreur. Médiatrice de l'invisible, l'eau constituait un seuil entre deux dimensions, le lieu privilégié d'un passage. *Pelléas et Mélisande* est baigné dans l'irrigation d'un bout à l'autre. Bague, couronne, mains, cheveux, cadavre même, tout y plonge ; par l'eau arrive Mélisande, face à l'eau Golaud sermonne Pelléas ; pure, fraîche, guérisseuse ou devenue menaçante, croupie, sans fond, elle sous-tend l'œuvre entière.

Les canaux de Gand reflétaient un bâti riche en constructions anciennes : édifices médiévaux, demeures Renaissance, églises baroques, hôtels de maître rococo, pastiches du XIXe siècle : le ciel s'y dentelait de tours, de flèches, de toitures. Les musées regorgeaient des œuvres de maîtres flamands ; la religion avait marqué la ville au fer rouge, depuis qu'Alexandre Farnèse, le réconciliateur des catholiques et des protestants modérés, avait conquis la ville en 1584. Prégnante, elle s'imposait en cathédrales, églises, couvents, abbayes et béguinages. Les béguines étaient des femmes ayant choisi de devenir membres de communautés religieuses. Les règles régissant la vie de ces groupes n'atteignaient pas la rigueur de celles d'un monastère. Par le passé, elles avaient rassemblé des effectifs suffisamment nombreux pour se construire des cités à part, les *béguinages.* Bien que le déclin en soit déjà amorcé, du fait de l'émancipation progressive de la femme, les béguinages flamands hébergeaient encore 1 500 pensionnaires au début du XXe siècle. Leur silhouette hantera *La Princesse Maleine.*

Les vacances se déroulaient souvent dans une maison de campagne à Ostacker, à une dizaine de kilomètres de Gand. Le canal, où passaient des navires en partance pour la Hollande ou pour la mer, longeait la propriété derrière de hauts arbres. Des ruches et des rosiers, sur lesquels veillait le père, garnissaient le parc. Fragrances florales et vie des insectes : autant de thèmes qui nourriront *La Vie des Abeilles* ou *L'Intelligence des fleurs* ; quant aux vaisseaux en partance, ils vogueront autour d'Allemonde, dans *Pelléas et Mélisande,* transporteront l'héroïne dans *Aglavaine et Sélysette,* conduiront l'enfant dans *La Mort de Tintagiles,* entoureront Ysselmonde dans *Princesse Maleine...*

Maeterlinck étudia au collège Sainte-Barbe de Gand. Outre la laideur du lieu et un cruel manque d'hygiène, il y endura la sècheresse d'une éducation rigoureusement dispensée par des jésuites. Cet enseignement austère le dépossèda d'une foi sereine et l'imprégna d'une fascination inquiète de la mort. Il écrivit souvent à propos de l'ignorance de l'homme au sujet de la véritable nature de l'âme, dont la quête le troubla toujours ; il l'évoqua telle une entité suivant des voies indifférentes ou contraires à notre volonté consciente, la dépeignant douée d'une vie propre, mystérieuse et indéchiffrable. Il s'intéressa aussi à l'aura et décrivit la présence lumineuse de certains êtres dont l'âme ou l'amour irradient tout autour d'eux. Dans l'œuvre de Maeterlinck, face à Dieu et à ces entités spirituelles, l'homme demeure seul, en proie au doute, à peine éclairé par une intuition souvent trompeuse.

Pendant ces années collégiennes, tout comme son ami Charles Van Lerberghe, Materlinck s'évada par l'écriture et la lecture, découvrant avec une curiosité gourmande les horizons variés de la littérature et de la poésie.

En 1881, il entama des études de droit ne correspondant ni à ses aspirations réelles, plutôt enclines aux sciences exactes, ni à sa véritable vocation, déjà clairement littéraire. Son milieu cependant le prédestinait à une profession d'avocat, plus honorable et plus traditionnelle. En 1885, il devint docteur en droit.

Les témoignages le dépeignaient plutôt calme et silencieux. Par timidité, il s'adonnait volontiers à la dérision, s'amusant de ses propres farces, d'un rire saccadé. Il était élégant et portant beau, fumant la pipe, l'œil bleu et doux, les lèvres sensuelles ourlées d'une moustache blonde, le cheveu fin. Son teint clair trahissait des origines flamandes. Sa voix, sans puissance, semblait voilée, mais il en imposait par une carrure massive, développée en pratiquant la boxe, en maniant l'épée et en enfourchant la bicyclette. Il s'adonnait aussi au canot, au patinage, il acquit une moto et, très tôt, une automobile.

Tout en poursuivant ses études, il contribua à la revue *La Pléiade* et, après quelques vers esquissés dès 1883, il publia des poèmes d'inspiration parnassienne dans la revue littéraire et artistique bruxelloise *La Jeune Belgique* en 1885.

Illuminé par l'œuvre de Théophile Gautier, le parnasse devenait depuis le milieu du siècle le plus puissant repoussoir des débordements du romantisme. Ce dernier privilégiait les épanchements lyriques et sentimentaux aux dépens de la perfection purement formelle de la poésie ; l'idéal du parnasse était la beauté, issue du travail difficile, délicat, patient et minutieux de l'artiste, véritable orfèvre des mots, humble serviteur d'un idéal plastique.

Maeterlinck se rendit à Paris en 1886, à l'aube d'une époque d'intense fermentation intellectuelle. Des rencontres le nourrirent : parmi les esprits qui exercèrent une profonde influence sur lui, deux amis comptent parmi les grandes figures de la création littéraire : Stéphane Mallarmé et Villiers de l'Isle-Adam. Ce dernier vouait au mystérieux et à l'irréel un grand culte. Maeterlinck éprouva pour lui une fascination profonde, en découvrant sous son guide l'idéalisme allemand, un courant jailli à la fin du XVIIIe siècle, moribond au début du XIXe siècle, irrigué notamment par l'onde de choc de la Révolution française. Entre autres illustres philosophes de cette école érigée sur l'héritage de Kant, Georg Wilhelm Friedrich Hegel (1770-1831) voua sa vie à la logique. C'est précisément la lecture d'Hegel qui révéla à Mallarmé que si *« le Ciel est mort »*, le néant est un point de départ vers le beau et l'idéal. Une poétique nouvelle devait surgir pour rendre au verbe la plénitude de sa dimension et son pouvoir sacré. Une profusion de mots, bornée finalement à l'empilement des définitions du vocabulaire, est vaine et stérile : par un style sobre et dépouillé, le sens profond s'exhale librement. Le vers poétique se fait couleur, musique, sensation. Il exprime le *« sens mystérieux des aspects de l'existence », « doue ainsi d'authenticité notre séjour et constitue la seule tâche spirituelle »*. Il suggère, donne de l'imagination et, ne cherchant plus platement à signifier, il en vient à signifier bien davantage, ouvrant des horizons si vastes que les mots ne pourraient les enclore : ce sont les *« splendeurs situées derrière le tombeau »*.

En 1890, interrogé par Edmond Picard, Maeterlinck s'exprima sur les cheminements de la création. *« Je voudrais étudier tout ce qui est informulé dans une existence* [...]. *Je voudrais me pencher sur l'instinct, en son sens de lumière, sur les pressentiments, sur les facultés et les notions inexpliquées, négligées ou éteintes, sur les mobiles irraisonnés, sur les merveilles de la mort, sur les mystères du sommeil* [...] ». Autant de thèmes obsessionnels qui surgiront aux détours des œuvres, sous des formes multiples et des visages variés. Il s'agit là d'une véritable profession de foi !

Maeterlinck s'intéressait également au philosophe Arthur Schopenhauer, l'homme de l'idéalisme athée, et au mystique flamand du XIVe siècle Jean de Ruysbroeck, dit Ruysbroeck l'Admirable (1293-1381). Il en traduisit l'*Ornement des noces spirituelles*, qui fut parfois suspecté de panthéisme. Du fait de cette influence, dans les années 1920, Maeterlinck fut qualifié (non sans finesse, d'ailleurs), de panthéiste spiritualiste. L'esprit de cette œuvre lui sembla pourvoyeur de pureté dans une époque par trop matérialiste, marquée au coin du naturalisme.

Maeterlinck fut touché par le poète et romancier Friedrich Leopold Freiherr Von Hardenberg, dit Novalis (1772 - 1801) ; ce dernier se passionna pour les sciences naturelles, la religion, la politique et la philosophie, mais c'est en la poésie qu'il voyait la clé de voûte d'un savoir total et encyclopédique des connaissances humaines. Dans son roman inachevé *Henri d'Ofterdingen*, situé dans un univers médiéval mythique, et considéré comme son véritable chef-d'œuvre, il utilise l'expression *Fleur bleue* (*Die blaue Blume*), aujourd'hui employée pour désigner une naïveté romanesque. Cette fleur symbolise l'amour absolu des deux héros, mais aussi l'unisson de deux mondes, celui du réel et celui du rêve. Maeterlinck, comme de Shakespeare, en fit de magnifiques traductions. Il se pencha également sur les œuvres de deux amis de Novalis, précurseurs du symbolisme : August et Friedrich Schlegel. Elles sont baignées des idéaux du romantisme et inscrites dans le courant de l'idéalisme allemand.

Maeterlinck était déjà parfaitement initié au symbolisme par Mallarmé et Villiers de l'Isle Adam. Ce mouvement littéraire et artistique avait fait son apparition en France et en Belgique vers 1870, en réaction au froid naturalisme et au mouvement parnassien parfois glacé. Ce mouvement gagna aussi l'Angleterre, puis la Russie, par le poète Valéry Brioussov.

Le terme symbolisme fut imposé par Jean Morréas (1856 - 1910) dans son *« Manifeste »* paru dans *Le Figaro*, le 18 septembre 1886. Il y proclamait la poésie symboliste *« ennemie de l'enseignement, de la déclamation, de la fausse sensibilité, de la description objective* » et visant *« à vêtir l'idée d'une forme sensible... »*. Le sujet y a moins d'importance que le mystère dont il s'entoure ; en se cachant, il se dévoile, se sublime et prend non seulement un autre sens, mais aussi une autre dimension. *« Ainsi, dans cet art, les tableaux de la nature, les actions des humains, tous les phénomènes concrets ne sauraient se manifester eux-mêmes ; ce sont là des apparences sensibles destinées à représenter leurs affinités ésotériques avec des Idées primordiales »*, ajoute-t-il. Au sujet de la musique du verbe et du rythme, il préconise *« l'ancienne métrique avivée ; un désordre savamment ordonné ; la rime illucescente et martelée comme un bouclier d'or et d'airain, auprès de la rime aux fluidités absconses ; l'alexandrin à arrêts multiples et mobiles ; l'emploi de certains nombres premiers, sept, neuf, onze, treize, résolus en les diverses combinaisons rythmiques dont ils sont les sommes »*. Le terme *illucescente* est forgé du latin *illuscere,* qui signifie luire, briller, éclairer, mais aussi se faire remarquer.

Dans un *Mercure de France* de 1891, l'écrivain, critique et théoricien Georges-Albert Aurier (1865-1892) explicita en outre la dimension décorative du symbolisme. Dans ce mouvement, le monde n'est jamais limité à son apparence concrète, facile à appréhender par une connaissance rationnelle : c'est au contraire une énigme. Pour la décrypter, il nous faut décloisonner nos cinq sens au service d'une intuition. Le symbolisme, par la musique du mot, suscite des impressions et invite le lecteur à déchiffrer le texte littéral pour atteindre une réalité supérieure, au-delà des mots. Le terme « symbole» est formé à partir du latin *symbolum*, « symbole de foi », *symbolus*, « signe de reconnaissance » et du grec *sumbolon*. Dans la Grèce antique, le *symbolon* était un morceau de poterie brisé en deux et confié à deux ambassadeurs de cités alliées pouvant, en les assemblant, se reconnaître. Le symbolisme permet ainsi d'entrechoquer l'idée abstraite et l'image chargée de l'exprimer. Art statique, là où le romantisme s'échevelait, le symbolisme est aussi l'art de la nuance, comme l'exprima Verlaine, dont les poètes symbolistes se réclameront. D'autres auteurs, comme Edgar Allan Poe, séduiront Maeterlinck toujours curieux de nouvelles découvertes. Pour ce dernier, le symbole (et non la plate allégorie, enchaînée et bornée au littéral, souvent à sens unique et revenant à une équivalence) ouvre les portes de l'âme au-delà des mots. Il renvoie à notre inconscient le plus atavique et le plus immuable : l'inconscient, ce royaume ténébreux où l'on touche à *« la grande source profonde, incolore, uniforme et commune de l'âme humaine ».*

L'inconscient est aussi le domaine du silence ; plus exactement, il est au-delà des mots et ne résonne que de leur écho. Les personnages de Maeterlinck, contrairement à ceux de Corneille ou de Racine, qui n'existent que par leurs discours, ne s'animent véritablement qu'à côté de leurs mots. *« Dès que les lèvres dorment, les âmes se réveillent et se mettent à l'œuvre »,* écrivit l'auteur dans le *Trésor des humbles.* Il ne faut pas chercher l'essentiel dans les mots, mais dans ce qu'ils font éclore en nous.

Nous avions laissé Maeterlinck à Paris, en pleine conquête de cultures et d'esthétiques. Il retourna en Belgique de 1887 à 1890, pour une éphémère carrière au barreau. Mais pendant ces années, il continua d'écrire pour lui-même ou pour *La Revue générale.* Son mûrissement se poursuivait sereinement.

Le recueil poétique *Serres chaudes* fut édité à compte d'auteur en 1889 chez Léon Vanier. On y relève la répétition des mots, la dépersonnalisation de l'écriture, l'absence d'un rythme classique. Par ses mystères parfois impénétrables, l'œuvre suscita l'étonnement ou la fascination. Les germes de nombreuses thématiques y reposent ; ils écloront dans plusieurs œuvres ultérieures, surtout à la scène.

Cette même année 1889, Maeterlinck publia une pièce de théâtre inspirée par l'esprit des contes de Grimm, *La Princesse Maleine.* Plutôt conçue pour la lecture que vouée à une véritable incarnation scénique, elle inspira un article dithyrambique d'Octave Mirbeau, paru dans *Le Figaro.* L'inconnu, brusquement propulsé dans la célébrité, ne s'y sentait pas préparé. Il redoutait un coup du sort, une injustice dont il aurait bénéficié. L'on voulut voir en lui un Shakespeare belge, en vertu du goût du public pour les étiquettes et les catégories. C'est pourtant ainsi qu'à l'instar d'Henrik Ibsen, de Gerhart Hauptmann, d'Anton Tchekhov ou d'August Strindberg, Maeterlinck devint l'un des grands dramaturges refondateurs de la fin du XIXe siècle, dont les conceptions ont renouvelé le genre.

Sept autres pièces suivirent, de 1889 à 1894. Elles assurèrent la réputation de leur auteur à travers l'Europe entière. Leur esthétique est parfois qualifiée de théâtre de l'âme ; elles forment une famille stylistique. *L'Intruse, Les Aveugles, Les Sept princesses* constituent une « trilogie de la mort » que Maeterlinck sembla satisfait de conclure sans s'y appesantir, désirant rendre à la vie une place qu'elle méritait peut-être davantage. En 1893, *Pelléas et Mélisande* fut donné au théâtre des Bouffes Parisiens devant un public brillant (dont Mallarmé, Debussy, Léon Blum, Tristan Bernard, Henri de Régnier, Whistler, Pierre Louÿs, Henri Lerolle ...), dans une mise en scène menée par Lugné-Poe. Fut-ce une véritable secousse ? Ce n'est pas certain : la critique, en tout cas, fut fort tiède. Certains reprochèrent à l'œuvre ses dix-huit rideaux ; l'on blâma la monotonie des acteurs. Maeterlinck, peu avant la première, écrivait : *« Je commence à douter, maintenant, que cela vaille quelque chose et qu'on s'en occupe ! Je ne sais trop comment on en pourrait faire l'analyse : il ne s'y passe rien ou presque rien : ce n'est guère que le drame d'un désir. Et l'action, la plupart du temps, n'en est pas seulement intérieure, elle a lieu à l'insu même de ses héros. »* Pourtant, il s'impliqua jusque dans les costumes de ses acteurs et ne resta pas indifférent aux décors. Plus tard, interrogé par Georges Docquois au sujet de la scène idéale pour *Pelléas et Mélisande*, il déclara que suffiraient *« deux décors, simplement. Deux décors d'imprécision, deux sortes de toiles de fond d'accompagnement »*. Un arrière-plan flou, ouvrant un horizon propice au rêve et à la fantasmagorie. Un rideau de gaz isolait les spectateurs de la scène, lors de la création parisienne de 1893. Cette distance, cet espace vague ainsi libéré, ce dépouillement permettaient au texte et à ses non-dits de prendre le pas sur l'incarnation scénique elle-même. Dans *La Revue belge,* Maeterlinck écrivit même : *« Je tends à faire jouer aux décors un rôle direct dans l'action. On a voulu voir du fantastique, du fantasmagorique même dans le mystère humain de mes drames, qui sont surtout à base de nature et de vie. C'est le prolongement de la nature et de la vie dans le mystère. Mais il est certain que mon théâtre comporte une esthétique spéciale qui ne cadre pas avec le théâtre moderne, où les décors représentent une simple toile de fond avec quelques bariolages cubistes. J'ai d'ailleurs, depuis longtemps, renoncé au théâtre, je n'y vais personnellement presque jamais »*.

Dans la conception de ses œuvres théâtrales, un élément gêna tout d'abord Maeterlinck, sur scène : la présence humaine, constituant une incarnation embarrassante. Il trouva que, pour nous, *« quelque chose d'Hamlet »* mourut *« le jour où nous l'avons vu mourir sur scène »*. Véritable intrusion, cette présence produisait l'effet d'une limitation à la traduction de sa pensée : c'est d'ailleurs à des marionnettes qu'il avait destiné les rôles d'*Alladine et Palomides*, d'*Intérieur* et de *La Mort de Tintagiles*. Il s'en expliqua dans les *Menus propos* publiés par la *Jeune Belgique* en 1890 : *« Il faudrait peut-être écarter entièrement l'être vivant de la scène. »* Maeterlinck évoqua les galeries de figures de cire, qui le terrifiaient : *« Il semble aussi que tout être qui a l'apparence de la vie sans avoir la vie, fasse appel à des puissances extraordinaires ; et il n'est pas dit que ces puissances ne soient pas exactement de la même nature que celles auxquelles le poème fait appel. L'effroi qu'inspirent ces êtres, semblables à nous, mais visiblement pourvus d'une âme morte, vient-il de ce qu'ils sont absolument privés de mystère ? ».* Selon lui, en écartant les acteurs, ces créatures pouvaient bien davantage convenir à l'atmosphère du poème : *« Ce sont des morts qui semblent nous parler, par conséquent, d'augustes voix. Il est possible enfin, que l'âme du poète, ne trouvant plus la place qui lui était destinée, occupée par une âme aussi puissante que la sienne [...], ne se refuse plus à descendre, un moment, en un être, dont une âme jalouse ne vient pas lui défendre l'entrée ».* Il ne destina cependant pas tout son théâtre à des marionnettes. Il estima bientôt que cette voie esthétique n'était, au bout du compte, qu'un *« cul de sac ».* D'ailleurs, l'on divise souvent son œuvre scénique en deux parties, la deuxième étant incarnée par des figures plus volontaires et agissantes que la première.

En 1895, Maeterlinck rencontra la cantatrice Georgette Leblanc, sœur de Maurice Leblanc, le créateur d'*Arsène Lupin.* C'est un étrange paradoxe qu'un contemplatif solitaire et taciturne, plutôt sauvage et incapable d'endurer le son d'un piano, s'unisse à une artiste lyrique rouée aux arcanes de la vie mondaine et volontiers extravagante. Durant sa carrière, elle chanta *Carmen* et *Thaïs.* Elle créa aussi le rôle d'Ariane dans l'opéra *Ariane et Barbe-Bleue* que Paul Dukas composa sur le texte de Maeterlinck. Le silence fut pourtant le thème de leurs premières correspondances. Lui faisant observer qu'ils n'avaient encore osé se taire ensemble, elle écrivit : *« Le silence, c'est montrer son âme nue ».* Intuition féminine ou ruse de coquette ? Elle ne pouvait lui dire plus touchante vérité, car en tout état de cause, il doutait de la valeur ou de la puissance des mots : *« Il ne faut pas croire que la parole serve jamais aux communications entre les êtres »,* écrivit-il dans *Le Trésor des humbles.* Il livra une clé importante de son œuvre en soulignant aussi qu'en revanche, les paroles paraissant les plus inutiles au sens et à la communication sont précisément celles recélant une âme et *« c'est la qualité et l'étendue de ce dialogue inutile qui détermine la qualité et la portée ineffable de l'œuvre ».*

Imperturbable, Maeterlinck ne se laissa jamais distraire de son cheminement créatif et, toute sa vie, il poursuivit sa quête philosophique de l'homme, perdu dans le grand tout d'un univers indifférent. Selon de nombreux avis, l'évolution de son théâtre fut tout de même influencée par la présence de Georgette Leblanc dans son existence. Les personnages y devinrent plus humains, en ce que leur volonté s'y exprima davantage ; l'ombre du destin, de la mort, s'y fit plus abstraite. Le silence, enfin, recula face à l'avancée d'un discours abondant et précis. L'on reprocha parfois à l'auteur ce dernier point avec violence, en évoquant un style verbeux et des tirades sans fin. Dans *Le Temps,* en janvier 1909, Pierre Lalo vit en *Monna Vanna* le début d'une véritable décadence de l'art du maître, sous l'effet d'un *« torrent de paroles ».* En réalité, un grand auteur ne peut éternellement s'appesantir dans un style sans y étouffer ; il doit se renouveler. Ce n'est pas toujours compris des admirateurs de sa première manière.

Qu'il ait ou non été infléchi dans sa création littéraire, Maeterlinck fut amoureux : sa correspondance le montre apaisé par la présence de Georgette. Il ne fut pas un compagnon fidèle, mais elle fit preuve d'une grande tolérance, voire de bienveillance envers ses escapades. Des documents retrouvés par Maxence Rauline (l'acte de vente d'une villa à Grasse) révèlent que, contrairement à la légende du couple (par eux entretenue, d'ailleurs), ils semblent bien s'être mariés. Les dates de cette union tourneraient autour de 1901, au plus tôt, à 1917, au plus tard.

Après avoir interprété *Aglavaine et Sélysette,* une pièce que Maeterlinck avait écrite pour elle, Georgette Leblanc fut contrainte de quitter la Belgique pour travailler à Paris. Elle s'évertua à l'y attirer. Malgré une instinctive méfiance de l'agitation des grandes villes, qui perturbaient son équilibre, il se résolut à rejoindre Georgette. C'est l'époque de plusieurs écrits, *Le Trésor des humbles, La Sagesse et la Destinée.* Les *Douze chansons*, fréquemment éditées en compagnie des *Serres*

Chaudes, sont des poésies parachevant la quintessence des thèmes, symboles et obsessions qui hantent le premier théâtre de l'auteur. Les étoiles, le jet d'eau, le baiser, les brebis, la grotte, la lampe, le souterrain, le navire, la tour, les mains, l'anneau, la couronne, la clé, l'or, la porte, la rose, le cygne, la mer, les aveugles… *Pelléas et Mélisande* en cristallise une large part.

La Vie des abeilles, ouvrage scientifique d'une grande rigueur, porté par un style d'une profonde élégance, initia le grand public aux merveilles de la nature ; fruit de longues heures de patiente observation comme d'un réel amour de la création, ouvrage abondamment documenté et régi par un esprit d'une puissante objectivité, il servit de modèle aux études ultérieures, hommage à la sagesse étrange et éternelle de la Nature : *L'Intelligence des Fleurs*, *La Vie des Termites* et *La Vie des Fourmis.*

Le salon parisien du couple attira des visiteurs illustres, tels Paul Fort, Oscar Wilde, Auguste Rodin, Stéphane Mallarmé, Camille Saint-Saëns, Anatole France, Willy, et Colette dont Georgette partageait plus d'un trait. Au gré des traductions de son œuvre, le rayonnement de Maeterlinck s'étendait à travers le monde. Il enrichissait encore son œuvre théâtrale, avec *Ariane et Barbe Bleue, Sœur Béatrice, Monna Vanna*, puis *Joyzelle. Le Temple enseveli*, *Le Double Jardin* inaugurèrent une orientation métaphysique, basée sur l'observation de l'univers.

En 1902, la création de l'opéra de Debussy *Pelléas et Mélisande* suscita un trop célèbre affrontement entre les deux hommes, au sujet du rôle féminin. Tout avait pourtant débuté sous de cordiaux auspices, l'écrivain et le musicien exprimant tour à tour leur gratitude. Maeterlinck avait entendu Debussy lui chanter, en s'accompagnant au piano, plusieurs extraits de son opéra, qu'il avait trouvés *« curieux, très curieux »*. Au moment de la distribution de l'œuvre, le directeur du théâtre, Albert Carré, ne voulut pas de Georgette Leblanc, trop sensuelle, épicée et charnue, dans le rôle de Mélisande. Sa formation vocale autodidacte la pénalisait ; dans *Carmen*, certains l'avaient trouvée vocalement insuffisante. Carré lui avait préféré Mary Garden, plus gracile et éthérée. Menaces, provocation en duel, évanouissement de Debussy face à un Maeterlinck furibond, cabale ridiculisant l'œuvre, clans, sifflets, rires, aucune vilenie ne fut épargnée pour l'éclosion du chef d'œuvre.

En 1908, Constantin Stanislavski créa la pièce *L'Oiseau bleu* au Théâtre d'art de Moscou : ce grand succès fut repris dans le monde entier, triomphant particulièrement aux Etats-Unis où il eut, par la suite, plusieurs avatars cinématographiques (un film muet de 1910, une version de Tourneur en 1918, plusieurs dessins animés et téléfilms. On se souvient principalement de Shirley Temple en 1940, dans la version de Walter Lang, puis de Liz Taylor, Jane Fonda et Ava Gardner dans la version de George Cukor en 1976).

Maeterlinck, désormais riche, séjournait souvent à Grasse, où il avait acquis une propriété ceinturée de fleurs. Georgette Leblanc, occupée sur les scènes d'Europe, brillait par son absence. Ils eurent pourtant le projet commun de faire revivre l'abbaye bénédictine de Saint-Wandrille, près d'Yvetot, en Normandie. Malgré les outrages de saccages successifs survenus depuis sa fondation au VIIe siècle, elle offrait encore des beautés architecturales susceptibles d'enclore avantageusement des représentations scéniques. Ce fut, en quelque sorte, le royaume de Georgette, qui ne tarit pas d'idées pour rehausser l'éclat et le charme du lieu. Un *Macbeth* traduit par Maeterlinck y fit sensation. *Pelléas et Mélisande*, nimbé de la musique de Fauré, y fut ensuite représenté.

La Grande guerre fut davantage qu'un traumatisme politique. L'Allemagne, par sa littérature et sa culture, avait nourri et éclairé Maeterlinck. L'invasion de la Belgique lui fut une trahison, une blessure qu'il ne pardonna pas. Il s'engagea, rédigea des pamphlets, s'exprima en public. *Les Débris de la guerre* rassemblèrent plusieurs de ces écrits. *Le Bourgmestre de Stilmonde* et *Le Sel de la vie*, deux œuvres théâtrales, furent rédigées dans un esprit patriote et propagandiste.

Maeterlinck avait achevé *Marie-Magdeleine.* Son succès ne cessait de rayonner : il reçut le Prix Nobel de littérature en 1911 puis le Grand Cordon de l'Ordre de Léopold en 1920. Il venait d'épouser la jeune actrice Renée Dahon, cadette de Georgette de vingt-quatre ans. Elle partageait déjà le toit du couple depuis six ans, au prétexte de travaux de secrétariat. La rupture avec Georgette Leblanc (elle n'avait pas été dupe) était consommée, sous l'usure de vingt années d'une relation que l'éloignement fréquent et deux personnalités très opposées avaient lentement décousue. Ils ont vraisemblablement pu se séparer selon la loi du 18 avril 1886, aux termes de laquelle une séparation de corps, après trois ans de séparation, devenait divorce. Tous deux en vinrent à se brouiller par la publication, par Georgette, de souvenirs trop indiscrets, dont Maeterlinck ne pardonna pas la publicité. La délaissée devint la compagne de Margaret Anderson, vécut en partie dans un phare désaffecté et décéda d'un cancer, dans l'indigence, en 1941. Le style de Maeterlinck se ressentit du bain de jouvence de sa nouvelle union, par un regard vers ses propres sources, avec *La Princesse Isabelle.* Renée, à son tour, incarnera les héroïnes de Maeterlinck et se dévouera pour sa gloire.

Le couple fut ovationné lors d'un voyage outre-Atlantique. Là-bas, il entendit enfin la version de Debussy de *Pelléas et Mélisande* et reconnut son aveuglement de jadis. Mary Garden incarnait merveilleusement l'héroïne ! Son léger accent anglais insinuait une distance entre elle et le spectateur, espace dans lequel Mélisande pouvait rayonner, respirer et s'animer d'une dimension supplémentaire.

Maeterlinck vécut à Médan, puis dans un bâtiment démesuré et invraisemblable au Cap de Nice, percé de 196 fenêtres, le Palais Castellamare. Voué à devenir le plus grand casino du monde, il aurait atteint, si ses édifices avaient tous été achevés, 30 077 m². Une immense terrasse, digne d'une scène de *Pelléas et Mélisande*, faisait face à la mer. La bâtisse fut rebaptisée Orlamonde, un nom figurant à la fois dans *Ariane et Barbe-Bleue* et dans les *Douze chansons*. Renée en fut l'égérie et l'hôtesse, comme Georgette avait été celle de Saint-Wandrille. Des transformations y furent planifiées, tirant un théâtral parti de l'architecture extravagante. Maeterlinck y éleva des colombes en liberté, avec l'idée de leur consacrer une étude, à l'instar des abeilles, des fourmis et des termites. Il n'en eut finalement pas le temps.

Fidèle à la langue française, Maeterlinck signa en 1921 un manifeste contre la flamandisation de l'Université de Gand. Son œuvre théâtrale s'enrichit encore, avec un surprenant *Berniquel* boulevardier, *Le Malheur passe* et *Juda de Kérioth*. Il ne négligeait pas l'essai, genre propice à sa chère méditation, parfois teintée d'ésotérisme : *La Mort, L'hôte inconnu, Les Sentiers dans la Montagne, Le Grand Secret, La Vie de l'Espace, Avant le Grand silence...*

Anobli par le roi Albert en 1932, il devint comte ; ce fut aussi l'année de *L'Araignée de verre,* recueil basé sur l'observation des animaux aquatiques de la famille des argyronètes et comportant aussi des impressions de voyage en Calabre, en Sicile et en Egypte.

Dans *La Grande Porte,* en 1939, il évoqua les religions et l'inaccessibilité de Dieu. *« Le Dieu que je cherche et que j'entrevois par moments, est plus haut, plus puissant, plus parfait, parce que je le pense et l'aime plus profondément que le Dieu qu'ils croient avoir trouvé sans le chercher. Il faut d'abord qu'on mérite son Dieu »,* écrivit-il.

La guerre le surprit au Portugal ; il avait préfacé les discours du président Salazar, ce qui lui valut sa bienveillance et sa protection. Il gagna rapidement les États-Unis, où il souffrit parfois l'inconfort de l'exil dans des villes trop trépidantes, modernistes et superficielles, malgré une brillante communauté d'émigrés reconstituée à chaque occasion. Parmi les écrits de Maeterlinck, il faut mentionner l'essai *L'Autre monde ou le cadran stellaire.* Il ne revint en France qu'en 1947, peu avant la publication de sa pièce *Jeanne d'Arc.* Il retrouva avec un plaisir infini les douceurs méditerranéennes (malgré le saccage d'Orlamonde) et les beautés des paysages, ainsi que les délices de l'isolement. Il acheva de rédiger le recueil de souvenirs *Bulles bleues* et plusieurs œuvres posthumes.

Maeterlinck mourut d'une crise cardiaque à Nice, en 1949, dans son palais remis en état et plus éclatant que jamais. Il fut incinéré. Ses cendres reposent aujourd'hui sur une parcelle du domaine, marquée d'une stèle, en compagnie de celles de Renée, décédée en 1969.

DEUXIEME PARTIE

Lecture de *Pelléas et Mélisande*

Tome II du théâtre de Maurice Maeterlinck
Édition Lacomblez, Bruxelles, 1902.

Presque toute l'action se déroule au royaume imaginaire d'Allemonde. C'est probablement une île. Le château du monarque, dont l'une des tours regarde la mer, est ceinturé de forêts obscures aux chemins escarpés ; il repose sur des grottes souterraines empoisonnées d'eau stagnante, qui en menacent la stabilité. Dans le parc, sous un tilleul, se trouve une vieille fontaine de marbre réputée sans fond, abandonnée, dite « la fontaine des aveugles ». Elle possédait des vertus guérisseuses, auxquelles on a cessé de croire. Une famine sévit sur l'île, faisant périr de nombreux pauvres ; le pays est en proie à de longues guerres. Allemonde est gouverné par un roi âgé, presque aveugle, Arkël. Il a un fils malade, qu'on ne verra pas, mais dont l'épouse, Geneviève, est mère de Golaud. Golaud est l'aîné, il a déjà les cheveux gris ; Pelléas est le cadet : ils n'ont pas le même père. Golaud, d'un premier lit, a eu un enfant, Yniold ; il est veuf, à présent. Des projets politiques de mariage le destinent à une princesse, Ursule, dans l'espoir de mettre fin aux guerres.

Acte I

Scène I

L'œuvre

La pièce de théâtre débute par un dialogue de servantes, devant la porte du château. Il y est question d'une porte qui doit être ouverte, afin de pouvoir en laver le seuil, dans la perspective de grandes fêtes à venir. Très animées, les servantes tancent le portier, qui leur conseille d'emprunter un autre passage car la porte, n'étant jamais ouverte, pourrait bien être bloquée. Les servantes s'agitent, apercevant le soleil filtrer par les fentes du bois. L'homme apporte les clés ; la porte, au prix d'efforts redoublés, finit par céder lentement, à grands bruits. Les servantes admirent le lever de soleil sur la mer puis se décident à laver le sol, pour *« nettoyer tout ceci »*, mais l'homme les prévient que toute l'eau du déluge n'y suffira pas.

La lecture

Debussy n'a pas conservé cette première scène dans son opéra. Nous savons qu'à Gand, en 1893, lors de la cordiale et première entrevue des deux hommes, Maeterlinck avait lui-même suggéré des coupures ; il n'est cependant pas possible de connaître lesquelles. Debussy, dans une correspondance à Ernest Chausson, se contente de préciser : *« Il me donne toute autorisation pour des coupures et m'en a même indiqué de très importantes, même très utiles ! »* Quoiqu'exclue de l'opéra, cette scène est dense en symboles et introduit pleinement tout le drame qui va suivre. Le coryphée des servantes s'apparente à celui des béguines de la *princesse Maleine.* Comme ces dernières, elles commentent l'action et semblent parfois douées d'une profonde intuition.

Cette première scène est une prolepse ou anticipation, figure narrative bousculant la chronologie des évènements survenus.

Le moment relaté surviendra bien après toutes les scènes composant la pièce.

Il s'agit de *« nettoyer tout ceci »*. La tache n'est pas nommée : la salissure indicible désigne en effet un crime innommable. Elle est indélébile comme le crime est irrémédiable. Il n'y aura nulle rémission. Cette tache, c'est le sang de Golaud et de Mélisande. La plus âgée des servantes, qui est aussi la plus péremptoire, le révèle dans le cinquième acte, scène I : *« Ils étaient étendus tous les deux devant la porte !... [...] La petite princesse était presque morte, et le grand Golaud avait encore son épée dans le côté... Il y avait du sang sur le seuil... »*. D'autres taches de sang viendront maculer la pièce, plus explicites celles-là, nommées, prémices de l'hémorragie finale : nous reviendrons donc bientôt sur ce symbole.

De l'eau est demandée pour nettoyer la porte et le perron. C'est la première apparition d'un élément qui va, à maintes reprises, baigner l'œuvre, sous des formes variées et opposées. L'eau purificatrice, dans cette première scène, ne pourra suffire. La formule désespérée du portier est identique à celle du roi, dévoré de la culpabilité de sa complicité dans l'assassinat de la *Princesse Maleine.* Convaincu que sa faute est indélébile, il clame : *« Il faudrait toute l'eau du déluge pour me baptiser à présent ! »* (acte IV, scène V). Le fait que le sang refuse de disparaître, à l'instar de celui qui tache la clé du cabinet interdit, dans le *Barbe-Bleue* de Charles Perrault, n'est pas un présage rassurant. Tel un stigmate, il balise la fatalité et scelle d'emblée le destin de la pièce, bouchant son horizon. Vraisemblablement, cela explique et justifie la suppression de la scène.

Il pourrait être tentant de lire en cette scène la première étape chronologique de la narration : alors, la mystérieuse tache serait un signe prémonitoire préfigurant la fin. Mais les *« grandes fêtes »* évoquées par les servantes le démentent. Au début de la pièce, le château est tout entier assombri par la menace de mort planant sur le père de Pelléas et de Golaud, il ne saurait donc être question de festoyer. En tout état de cause, les servantes sont remplies d'espoir, avides de la clarté qui perce par les interstices du bois de l'huis si difficile à ouvrir. Le symbole de la fente au travers de laquelle filtre la lumière revient plusieurs fois dans l'œuvre dramatique de Maeterlinck. Il ne s'agit pas d'une allégorie de la matrice donnant la vie. La promesse faite est mensongère. Le plus souvent, la fente indique l'espérance d'une fuite ou de l'accès à la liberté qui n'auront pas lieu ou avorteront. Un espoir douloureux, souvent vain, toujours brûlant, plutôt l'illusion d'un espoir. Parfois aussi, au seuil de la mort, la promesse de l'au-delà qu'un souffle permettra d'atteindre. Dans *Ariane et Barbe-Bleue*, un chant mystérieux retentit dans le château, au premier acte, alors qu'Ariane est occupée à trouver la porte qu'il est défendu d'ouvrir. L'air évoque les cinq premières épouses de Barbe-Bleue, qui resteront à jamais prisonnières dans le palais, renonçant à la vie : *« Les cinq filles d'Orlamonde [...] voient l'océan par les fentes »*, mais elles *« frappent à la porte close / Sans oser l'ouvrir »*. Impossibilité de fuite, rêve d'évasion, vite évanoui. Il est question à deux reprises de fentes pratiquées dans du bois ou dans les volets, laissant passer *« le murmure de l'air »* ou *« un rayon de soleil »*, dans *Alladine et Palomides* (acte III, scène II). Lors d'une scène épouvantable, c'est également par une fente, encore plus étroite, que communiqueront le jeune prince et sa sœur à la fin de *La Mort de Tintagiles* ; par elle, l'enfant mourant apercevra encore un peu de lumière, comme cette lueur, au bout d'un long tunnel, dont parlent les victimes d'une expérience de mort imminente, selon les travaux de Raymond Moody. Chez Maeterlinck, il est exceptionnel que la fente devienne issue : la fuite de *La Princesse Maleine* et de sa nourrice se fera par ce biais, grâce à la petite ouverture enfin pratiquée dans le mur de leur prison, en descellant les pierres (acte I, scène IV). Encore cette échappatoire sera-t-elle douloureuse : aveuglés par la lumière répandue dans leur horrible cachot, les deux personnages mettront du temps à s'accoutumer à la clarté extérieure et à pouvoir contempler le paysage enfin élargi devant elles.

Dans *Pelléas,* que voient les servantes, une fois la porte ouverte ? Un lever de soleil sur l'océan, c'est-à-dire le commencement d'une journée, d'une ère nouvelle peut-être. Du moins le spectateur (et le lecteur) sont-ils enclins à le croire, à l'espérer.

La mer exerçait sur Maeterlinck une fascination si intense qu'elle parvenait à le distraire de son labeur. Dans ses multiples demeures côtières, il choisit toujours de s'installer dans des chambres donnant sur l'Est, au levant. *« Le soleil se lève sur la mer ; et vois-tu la joie calme et profonde des flots ? »* lit-on dans l'acte IV, scène I d'*Aglavaine et Sélysette.* Rétablissant un équilibre cosmique, si le soleil matinal est pourvoyeur de vie, le coucher porte des symboles moins positifs, que nous rencontrerons plus tard.

« Voici les grandes clefs... » annonce le portier. Elles ne sauraient être petites : comme les clés de la ville, n'ouvrant rien mais représentant seulement l'accès à la cité, elles incarnent la possibilité d'un passage. Qui dit porte, dit verrou, serrure, clé, chaîne, barre : autant d'accessoires précieux, autant de déclinaisons d'un même thème hautement symbolique, dont chacune sera convoquée pour jalonner la pièce. Le seuil est doué d'un pouvoir magique, d'une puissance entre deux dimensions. De quel côté se situent les personnages ? De quel côté laissera-t-on le spectateur et le lecteur ? L'ambiguïté, utile, permettra des jeux de miroirs troublants, démultipliant les réalités, ajoutant une distance et brouillant les repères, comme ce tulle tendu devant la scène pour *Pelléas.* Ces symboles sont essentiels dans l'œuvre de Maeterlinck et reviendront dans la suite de la pièce.

La clé, évidemment ! Fatidique, fatale, elle est rarement une solution (ou alors, finale). C'est un objet terrible qui, avant même de revêtir un sens, séduit par sa beauté : l'acte I d'*Aglavaine et Sélysette* le confirme : *« Il n'y a rien de plus beau qu'une clef, tant qu'on ne sait pas ce qu'elle ouvre »*. Utile, déchue de son mystère, elle devient triviale, perd sa dimension symbolique (et symboliste). Permettant d'accéder à un ailleurs, à une autre dimension, elle ouvre et clôt tour à tour ; celui qui la garde détient forcément un pouvoir. Les contes de Maeterlinck mentionnent fréquemment trois clés : d'or, d'argent et de diamant ; ces matériaux invraisemblables garantissent leur irréalité. Clés rêvées, clés mythiques allant volontiers par trinités plus souvent démoniaques que divines. Le trousseau, dans *Ariane et Barbe-Bleue*, se compose de six clés d'argent et d'une clé d'or : la plus noble est celle du cabinet défendu. *« Voici la clef de votre aurore ! »* s'écrira Ariane aux captives, pour leur promettre un avenir dont elles ne voudront pas.

La clé joue aussi un rôle majeur dans *Alladine et Palomides* (acte III, scène III) : le vieil Ablamore à demi-fou agite *« de grandes clés d'or »* et les *« fait taire en chantant »* une cantilène affreuse *: « Le malheur avait trois clés d'or / Il n'a pas délivré la reine. [...] / Allez où vos yeux vous mènent »*. Avec cette clé, Ablamore libèrera l'accès aux grottes dans lesquelles il précipitera ses victimes. Au troisième acte de *La Mort de Tintagiles*, il est également question de trois lourdes portes. Deux d'entre elles sont condamnées : les barres sont scellées dans le mur, leurs clés sont «*perdues depuis longtemps* ». Si longtemps, seule la mémoire en est restée, voire une simple légende. La troisième porte est d'une lourdeur inouïe : inhumaine, elle provient d'un monde de titans, elle ne permettrait pas même à la foudre de pénétrer. Cette porte sera gardée, mais les horribles servantes de la cruelle reine en détiennent la clé et feront grincer la serrure. De vieilles et lourdes clés, que l'on croyait perdues, serviront aussi à ouvrir la porte de l'ancien phare abandonné du haut duquel tombera l'une des héroïnes d'*Aglavaine et Sélysette* ; lourdes également, les trois clés pendant à la ceinture de *Sœur Béatrice.* Egarée elle aussi, celle de la fée Bérylune, ouvrant l'armoire de l'Anneau-qui-rend-invisible ou du Tapis Volant, dans *L'Oiseau Bleu* (acte

I) ; à l'acte III du conte, les clés de la nuit ouvrent les cachots des secrets de la Nature, où sont enfermés spectres, fantômes, maladies, guerres, ténèbres, terreurs, mystères, silence, mais aussi feux follets, vers luisants, lucioles, rosée, étoiles sans emploi et chants des rossignols.

Il faudra encore une clé à *La Princesse Isabelle* pour atteindre le parc, où l'eau doit être le lieu de la rencontre dont elle rêve, dans le quinzième tableau ; *Joyzelle* tourne une clé, elle aussi, dans l'acte II, scène I.

La puissance d'évocation de la clé tendra à s'émousser avec le temps, sur la scène de Maeterlinck. Dans une œuvre précoce comme la *Princesse Maleine,* les trousseaux sont nombreux : la clé perdue de sa chambre (acte IV) ; celle qui permettra d'enfermer le petit Allan à l'acte V ; l'absence de clé n'est pas davantage rassurante, dans la chambre voûtée, véritable prison scellée de toutes parts ; Maleine et sa nourrice y sont cloîtrées à la scène IV de l'acte I. Dans une œuvre tardive comme *Monna Vanna,* les choses ont changé, se sont allégées. La clé de la prison de Guido, au troisième acte, constitue un gage de délivrance et nous révèle l'issue favorable de la pièce, qui permettra au personnage innocent de s'évader.

Les clés occupent également le terrain de l'œuvre poétique de Maeterlinck. Elles semblent toujours douées d'un pouvoir magique qui les fait échapper à nos réalités. Tantôt, elles se font désirer ou disparaissent : *« Et la clef tomba dans la mer », « Portes à jamais closes ! », « Les clés des portes sont perdues », « Les clés sont tombées de la tour ».* Tantôt, elles sont bien présentes, mais non dénuées de mystère : une clé d'or est trouvée, sur une porte close, par *« Les sept filles d'Orlamonde ».* Souvent égarée ou crue perdue, selon un oxymore fréquent chez Maeterlinck, elle est absente et présente à la fois. Elle ressurgit toujours, par un étrange caprice du destin, et libère des forces redoutables. Mais la question n'est pas tant la clé que le passage lui-même, et du danger qu'il renferme ! Bien souvent, l'au-delà du seuil verrouillé ne peut être que deviné ou pressenti, partageant l'œil collé aux fentes des portes entre le doute, la peur et la tentation. Les sept filles *« Voient l'océan par les fentes, / Ont peur de mourir, / Et frappent à la porte close, / Sans oser l'ouvrir... »*.

La clé semble également douée d'une intelligence et d'une volonté propres. Ainsi, celle qui se trouve au cœur du conte de Perrault, *Barbe-Bleue*, *« était fée »*. Chez Maeterlinck, ses disparitions sont peut-être volontaires. Son poids indique sa puissance ; l'or dont elle est fréquemment fondue révèle le haut degré de son initiation. Ce sont précisément les grandes clés du portier qui nous font pénétrer dans l'univers de *Pelléas et Mélisande*.

Scène II

L'œuvre

La deuxième scène ne se passe plus à Allemonde. Nous sommes dans une contrée éloignée, au cœur d'une forêt giboyeuse où chasse Golaud, à la poursuite d'un sanglier. La journée touche à sa fin. Une bête a été touchée mais s'est enfuie ; Golaud s'est trompé de chemin, il s'est égaré, ses propres chiens ne le retrouvent plus. Maeterlinck indique que l'on découvre Mélisande, au bord d'une « fontaine », une source. Elle pleure. Attiré par le bruit de ses sanglots, Golaud s'approche de la silhouette si menue qu'il la prend d'abord pour celle d'une petite fille. Lorsque Mélisande tourne vers lui son visage, le chasseur est stupéfait par sa beauté. Dans l'eau de la fontaine, qui n'est pas très profonde, une couronne d'or est tombée. Mélisande l'a perdue en pleurant ; elle l'affirme, *« il »* la lui a donnée. Qui donc ? Ce dont nous sommes certains, c'est qu'elle n'en veut plus et menace de se jeter à l'eau si on la récupère. Golaud, intrigué, tente d'en savoir davantage. Il s'en doute, l'on a voulu nuire à la jeune femme, si terrorisée qu'elle le supplie de ne pas la toucher. Sans jamais répondre vraiment aux questions posées, Mélisande le confirme, *« tous »* lui ont fait du mal, mais elle ne parvient pas à en parler ou refuse de le faire. Peu à peu, cependant, elle se calme. Elle lui demande qui il est, s'étonne du grisonnement de ses cheveux et de sa barbe. Il est surpris aussi, par les yeux de Mélisande, qu'elle semble toujours garder grands ouverts. Elle prétend cependant les fermer, la nuit. En réalité, elle les écarquille sous l'effet de sa surprise, face à la stature de Golaud : elle le prend pour un géant. Il lui propose de la suivre ; déjà, la jeune femme a froid et la nuit promet d'être longue et glacée. Encore impressionnée, Mélisande refuse de lui prendre la main. Golaud, avouant s'être également perdu, va tenter de retrouver son chemin.

La lecture

Le personnage de Mélisande fait son apparition. Elle est recroquevillée, en larmes, au bord de l'eau. Ondine, elle, paraît déjà n'être *« pas d'ici »*. Elle sera semblable à l'une des Ophélie au destin liquide, peintes par John Everett Millais, John William Waterhouse, Richard Westall, Arthur Hughes et Alexandre Cabanel. Elle souffre dès son apparition, en proie à une tristesse dont elle ne parviendra pas à se départir, tenaillée par une peur qui la gagnera fréquemment. Golaud, pendant cette première scène, suscite notre sympathie. Il a déjà souffert, ses tempes grisonnent ; maladroit, il a raté sa cible et la bête a pu s'enfuir. Etourdi, il s'est perdu et a même égaré ses chiens ; il effraye par sa carrure mais fond d'attendrissement face aux pleurs d'une enfant. Cependant, tout bienveillant qu'il tâche d'être, il brandit la menace effrayante d'une nuit *« très noire et très froide »* pour impressionner la jeune femme et la convaincre de le suivre. Il en a une conscience aiguë, il peut en imposer et sa force est colossale. Touché par la *« petite fille »* si belle piquant sa curiosité, il désire tout savoir d'elle : d'où elle vient, ce qui lui est arrivé, son âge, qui lui a donné une couronne... Elle ne répond qu'à une seule question, pour dire son prénom. Pour le reste, elle semble plutôt éprouver un certain dégoût pour cet inconnu qu'elle peine à considérer comme un être normal. *« Ne me touchez pas »*, répète-t-elle farouchement. Il est trop grand, c'est un géant d'une autre race ; il proteste : sa taille est tout à fait normale. Il est trop vieux ; elle remarque ses cheveux gris (Golaud, coquet, minimise aussitôt ce blanchiment : *« quelques-uns, ici, près des tempes »*), elle insiste : sa barbe aussi grisonne.

Mélisande commence à avoir froid et, ainsi qu'elle l'avouera au dernier acte, elle a aussi peur du froid. Tout l'effraye, elle demeure nimbée de mystère.

Dans *Ariane et Barbe-Bleue*, parmi les femmes captives du terrible héros, se trouve aussi une Mélisande. Un point commun la relie définitivement à celle qui nous occupe : sa chevelure.

Pour l'heure, nous ne voyons pas encore cet attribut distinctif, peut-être doit-il être noué ; du moins, notre attention n'y est pas encore attirée (ce sera le cas un peu plus tard). Si, à la fin de l'autre pièce, la jeune femme choisit de demeurer prisonnière au château de Barbe-Bleue, au milieu des épouses successives du monstre, ses compagnes d'infortune, quelque chose a dû finalement l'en libérer. Nous pouvons supposer que la foule menaçante, que l'on entendait sans la voir tout d'abord, puis faisant irruption dans le château (acte I), est finalement passée à l'acte pour exécuter Barbe-Bleue. Peut-être est-ce cette violence qui a terrorisé Mélisande enfuie de sa geôle : certains des paysans étaient armés de fourches, d'autres *« d'énormes faux »* (acte III). Ils avaient ligoté et garrotté le tyran pour le livrer à Ariane, mais elle l'avait libéré. Etant donné l'opulence des trésors contenus dans le château, et dont la découverte illumine l'acte I, il n'est pas étonnant que Mélisande ait ceint une couronne d'or.

Ainsi donc, c'est vraisemblablement à Orlamonde, le pays de Barbe-Bleue, que la deuxième scène de *Pelléas et Mélisande* se déroule. L'acte II d'*Ariane et Barbe-Bleue,* notamment par la description d'un panorama, nous livre quelques indices pour imaginer cette contrée : une rivière coule, bordée de peupliers ; une cloche retentit, égrenant les heures : une église sans doute, ou une chapelle ; des troupeaux pâturent dans la campagne ; un village est visible depuis le château. Ce dernier, qui semble fortifié, s'accroche au flanc d'un roc ; un sentier, large et lumineux, conduit au fossé et aux ponts. Ces derniers paraissent mystérieusement animés par une volonté propre, à moins que des serviteurs invisibles n'y œuvrent : l'eau y monte et les ponts se lèvent dès que l'on veut s'enfuir du château. Le sentier qui y mène est assailli par *« le vent du large »,* la mer est toute proche, cette mer si chérie de Maeterlinck. Si Orlamonde n'est pas une île, c'est du moins une côte. Il faudra un bateau à Golaud pour rentrer chez lui : tout concorde entre les deux pièces.

Mélisande sanglote au bord de l'eau. Une eau si claire que l'on y voit briller sa couronne d'or, tombée au fond. C'est un attribut fréquent chez Maeterlinck. Bellangère évoque un semblable ornement dans *La Mort de Tintagiles* (acte II) ; la Vierge porte également cette parure, elle en coiffera *Sœur Béatrice* (acte III). Dans les *Quinze chansons,* après la septième pièce qui évoque trois clés d'or, la huitième met en scène trois couronnes d'or, dont le don, selon qu'il est fait aux parents, aux amants ou aux enfants, suscite des sorts bien différents ; à la quatorzième chanson, lorsque l'on veut mourir, on revêt sa couronne d'or.

Insigne de la plus haute noblesse, d'une pureté suprême et d'une proximité avec le monde spirituel, la couronne est ici vue dans le cristal de l'onde, comme au travers d'une lentille, d'un miroir, un miroir magique doué de véritables pouvoirs. C'est *« l'eau du songe »* des *« sources du rêve »,* où, seuls, les *« reflets profonds des choses » « pleurent encore au fond des eaux »,* nous disent les *Serres Chaudes (Reflets).* Perçus au travers de l'eau, les objets n'existent plus : il n'en reste que l'aura, leur valeur symbolique pure.

La *Princesse Maleine*, quoique effectivement transformée par sa longue captivité, déclare : *« Je ne me reconnais plus quand je me vois dans l'eau ! »* (acte II, scène III). L'onde a des sortilèges redoutables. *« L'eau n'est pas très profonde en cet endroit »,* lit-on encore dans l'acte V d'*Alladine et Palomides.* Ces deux amants ont échappé de justesse à la noyade, mais ils mourront bientôt d'un autre mal, inconnu et fatal, plus terrible encore.

La couronne immergée ne fait donc plus partie du monde réel, elle se trouve dans une autre dimension. La surface de l'eau l'y maintient. Le passage au travers de ce miroir ne peut être anodin. Il trouble l'ordre naturel des choses. Tant que la couronne ne franchit pas la surface, le danger demeure écarté, Mélisande semble en être convaincue. Si de telles menaces couvent en présence d'une eau peu profonde, que penser de celle dont le fond n'a pas encore été trouvé, et que nous croiserons bientôt !

La couronne d'or est immergée, l'anneau d'or le sera plus tard. Deux rituels ablutoires plus ésotériques que purificateurs. Qu'ont en commun ces deux attributs, hormis le métal précieux dont ils sont fondus ? Leur forme, celle d'un cercle vide au travers duquel passer le sommet de la tête ou le doigt. Il est étrange de lire, dans *Alladine et Palomides* (acte III, scène III) la phrase suivante : *« Le ciel est un anneau de cristal aujourd'hui ».* La forme de la bague, ici, n'est plus envisagée comme un pourtour encerclant un espace creux, mais plutôt à la manière d'une lentille optique. Par un jeu de réflexion et de réfraction, la lentille de la bague ou de la couronne rejoint le miroir de l'eau, ouvrant ainsi la vision à un univers invisible à l'œil nu, exactement comme le ferait une lunette astronomique ou un microscope.

La pauvre Mélisande est si fragile ! Comment sortirait-elle indemne de ses mésaventures ? Déracinée violemment d'Orlamonde, elle demeurera chétive, craintive et souvent triste. Elle ne sera jamais nulle part à sa place. L'on n'ose à peine écrire « jamais plus », car il n'est pas certain qu'elle ne l'ait jamais été. Ce dérèglement, ce décalage, cette incohérence sont déjà au cœur de la poétique des *Serres Chaudes* : *« (Oh rien n'y est à sa place !) / On dirait une folle devant les juges ».* De juges, et même de bourreaux, Mélisande ne manquera pas. Dans l'œuvre poétique, créée par des associations d'images incongrues et hétérogènes, ce désordre instille la sensation d'une frustration, d'un manque, d'une incomplétude malgré la prolifération et l'abondance des termes. Le délire agitant les *Serres Chaudes,* entrechoquant de nombreux éléments hétéroclites, voire antinomiques, suscite chez le lecteur un sentiment de malaise, d'étouffement, de maladie, de fièvre, autant de pathologies qui baigneront le château d'Allemonde et sembleront gagner le royaume tout entier.

Il semble que Maeterlinck, rétrospectivement, brosse un portrait de Mélisande dans la *Princesse Isabelle,* au premier tableau : *« Un peu bizarre, très gentille, innocente, très pure, très aimante, très obéissante, mais rêveuse, distraite, enfin pas comme les autres. Elle semblait vivre ailleurs, répondant à côté de la question, ayant toujours l'air de se réveiller brusquement, se comportant comme si elle n'était pas tout à fait de ce monde… ».* On ne sait plus, au bout du compte, si la princesse Isabelle est folle ou si les autres ont perdu la raison, tout autour d'elle. Mélisande ne sera pas davantage comprise et, sans cesse, s'inscrira en creux dans la vie des habitants d'Allemonde et de son château.

Scène III

L'œuvre

Nous voici revenus à Allemonde, à l'intérieur du château. Le vieil Arkël écoute Geneviève lisant une lettre de Golaud adressée à Pelléas. Il y relate sa rencontre avec Mélisande. Il avoue demeurer dans l'ignorance au sujet de son origine, de son passé, de son âge et même de son rang. Pour seuls indices, il mentionne la couronne et les riches habits, dignes d'une princesse quoique déchirés par les ronces lors d'une fuite éperdue à travers la forêt. Voilà six mois déjà que Golaud l'a épousée mais il n'en sait davantage à son sujet. Il compte sur Pelléas pour ménager son retour, ce Pelléas qu'il aime si fort, bien qu'ils ne soient que demi-frères. Face à Mélisande, s'il ne redoute pas de rejet de la part de Geneviève (elle fermera les yeux, pense-t-il, sur ce mariage un peu fou), il craint la colère d'Arkël. Ce dernier pourrait bien rester insensible à la beauté de Mélisande ; le vieil homme, en effet, caressait l'espoir d'un mariage politique pour pacifier le pays. Pelléas est chargé par son demi-frère de s'assurer de la bienveillance d'Arkël. Si elle est garantie, trois jours après l'arrivée de la lettre, il lui faudra allumer une lampe en haut d'une tour, face à la mer. En l'absence de ce signal, Golaud n'accostera pas à Allemonde et n'y reviendra jamais.

Geneviève interroge Arkël sur la suite à donner à cette affaire. Le vieil homme le confesse, le nombre de ses ans ne l'a pas doué de la moindre clairvoyance sur lui-même, aussi comment pourrait-il juger autrui ? Il ne le cache pas, il trouve l'attitude de Golaud étrange : parvenu à l'âge mûr, il épouse une petite fille trouvée là. Cependant, explique-t-il, notre regard sur les choses n'est jamais lucide, nous ne parvenons à discerner que *« l'envers des destinées »*. Mieux vaut donc ne condamner personne. Depuis son veuvage, Golaud semblait triste et solitaire ; en l'envoyant demander la main de la princesse Ursule, Arkël pensait joindre l'utile (la paix dans le royaume) à l'agréable (les douceurs d'une seconde noce, pour notre chasseur). Sans doute était-ce là le destin, voire une forme de providence qu'il ne faut pas contrarier.

Geneviève est troublée, elle aussi. Elle aurait plus volontiers imaginé ce caprice de la part de Pelléas, jeune et immature encore. Elle semble réticente à l'idée d'accueillir *« une inconnue »*. Geneviève ne partage pas tout à fait les vues d'Arkël. D'après elle, si Golaud avait accepté de se remarier, c'était uniquement pour complaire au vieillard, car, en réalité, seul son fils Yniold comptait. Apparemment, cette petite fille lui a tout fait oublier et perdre la tête.

Sur ces entrefaites, arrive Pelléas, qui vient de pleurer. Arkël, devenu presque aveugle, le prie de s'approcher de la lumière. Pelléas a reçu une deuxième lettre, en provenance de son ami Marcellus, qui sent sa mort imminente, il sait même très exactement quand elle surviendra. Il prie Pelléas de se hâter à son chevet, pour le revoir une dernière fois. Il faudrait donc partir vite, le voyage étant très long ; Arkël ne tient pas à ce départ. Golaud va revenir, sans que l'on sache à quoi s'attendre à son sujet, et après tout, le roi, dans une chambre à l'étage supérieur, est très malade et risque lui aussi de mourir. Comment Pelléas pourrait-il choisir entre son père et son meilleur ami ? Geneviève conclut qu'il faut veiller à allumer la lampe dès ce soir, pour assurer le retour de Golaud. Les trois personnages sortent *« séparément »*.

La lecture

C'est la première vision de la famille royale ; nous la découvrons d'emblée très désunie. Les allègements pratiqués pour le livret de Debussy sont d'ailleurs de nature à atténuer cet aspect ; Geneviève, notamment, y paraît plus sympathique, moins sévère. Les clés livrées par le texte plus long de l'édition contemporaine gagneraient à une meilleure exploitation scénique, afin d'éviter une Geneviève trop souffreteuse, trop doucereuse, trop répandue ou trop tragique. Elle est beaucoup plus ferme et sèche. L'histoire d'amour de Golaud l'indiffère ; ses préoccupations sont pragmatiques : la paternité, l'obéissance, la raison, le devoir.

A l'issue de cette scène, chaque personnage s'en va individuellement ; en filigrane se lisent maints désaccords, maints reproches que les propos vagues et lénifiants d'Arkël ne parviennent pas à dissiper. Le vieil homme parle d'abord de lui, et longuement. Il a ce tranquille égoïsme des personnes que l'on sert, cette satisfaction repue des orgueils inconscients.

Quels sont les symptômes de la désunion, du désamour familial ? Tout d'abord, Golaud redoute son grand-père ; sa lettre redouble d'obséquiosités à son endroit : *« notre vénérable aïeul », « sa bonté », « ses yeux, si sages »* (mais l'homme devient aveugle…). Golaud l'avoue : *« j'ai peur »*. Geneviève, pour sa part, n'était pas impatiente d'un remariage de son fils aîné. Elle semble regretter l'époque où Golaud ne pensait qu'à son propre enfant, Yniold. Déjà, elle se méfie de Mélisande, la pièce rapportée, l'intruse. Le mépris perce dans ses propos : *« Qui va-t-il introduire ici ? – Une inconnue trouvée le long des routes »*. Elle est clairement désappointée. Elle ne peut approuver la décision de son fils, y voit un moment d'égarement, d'irresponsabilité. Sans scrupules, elle reproche à Golaud son inconséquence et voit en Mélisande une vagabonde égarée.

L'aïeul, lui, était favorable à un remariage du chasseur, trop triste et seul. Mais était-ce bien sincère ? N'était-ce pas un prétexte, un alibi politique ? Ne s'agissait-il pas davantage de régler les affaires du royaume, de garantir sa sécurité, d'assurer la paix ? Que peuvent réellement peser le bonheur individuel et la quiétude familiale, face aux enjeux des guerres ?

Sans balancer, Geneviève considère Pelléas comme un enfant, elle n'attend de lui aucune maturité. Le cadet n'est pas davantage libre de ses mouvements que l'aîné : Arkël n'hésite pas à lui faire un chantage affectif en mettant en balance *« le père et l'ami »,* entre lesquels il faudrait choisir. Pour ajouter un degré supplémentaire à notre malaise, le vieillard méfiant au sujet du retour de son petit-fils souhaite préserver la cohésion du clan familial : chacun doit être là. Mais dans quel but, au juste ? Ne s'agit-il pas de faire bloc, et contre qui ? *« Nous ne savons pas ce que ce retour nous prépare »*, dit-il, dévoilant ses doutes, dans lesquels il est facile de deviner de l'inquiétude, de la réticence, de la suspicion.

Seul rayon de lumière dans ce marasme, le lien qui unit les deux demi-frères. Encore est-ce un lien furtif, tempéré sitôt évoqué : *« toi que j'aime plus qu'un frère, bien que nous ne soyons pas nés du même père ».* La phrase incline vers la tendresse mais semble se reprendre et s'atténuer avec le rappel de ce détail généalogique : ils sont du même sang… en partie. Peut-être Golaud, après avoir forcé le trait de son affection pour mieux gagner Pelléas à sa cause, se rend-il compte qu'il exagère : une distance subsiste entre eux, doit subsister. Elle provient probablement du fait que Golaud est l'héritier du trône. Cette phrase est un présage : les deux hommes ne seront jamais vraiment unis ; leur affection sera frustrée, bancale. Une distance insurmontable, liée au sang, les séparera toujours. Ce sont plutôt des faux frères que de simples demi-frères. Il en est de ces grandes dynasties imaginaires comme des familles de la vie réelle. Les douleurs du passé, liées aux veuvages ou aux remariages, laissent des traces indélébiles. Elles demeurent des blessures. Ce que l'on voudrait simple n'est pas aussi limpide et des murs séparent les individus malgré leurs protestations.

Certains ont voulu voir un amour incestueux entre les deux frères, au prétexte de la dimension homosexuelle de la jalousie. Cette thèse repose essentiellement sur la simple citation *« plus qu'un frère »,* soit sur un indice bien mince ; son inconvénient est d'ajouter une lecture supplémentaire à un drame déjà très dense en subtilités et en sentiments souvent non explorés par les mises en scène. Elle réduit Mélisande au rôle d'alibi en l'excluant de l'enjeu d'une véritable rivalité, ce qui peut sembler regrettable étant donné la place centrale devant lui revenir dans l'œuvre, comme son titre l'indique. Plus tard dans la pièce, Golaud fait bien davantage figure d'un précepteur pour Pelléas ; il le sermonne parfois, il lui dévoile les secrets des entrailles du château, il le trouve étrange, *« fou »*, il ne le comprend visiblement pas. Peut-être même le méprise-t-il un peu ; n'affirme-t-il pas que son frère fait tout ce qu'on lui demande de faire, comme un benêt sans volonté propre ? Bien sûr, rien de tout cela ne serait incompatible avec un sentiment plus ambigu, mais rien n'y conduit non plus de façon claire. Solidement campé sur son rôle d'aîné, de chasseur un peu brute aux maladroits élans de tendresse, Golaud reste monolithique. Il n'y a pas de véritable indice susceptible de nous conduire sur la piste d'une double identité sexuelle.

Ainsi, Golaud devait épouser la princesse Ursule. Qui donc est-elle ? La pièce ne nous le dit pas mais Maeterlinck l'explique dans *Les Sept princesses*, l'une des pièces constituant la *Petite Trilogie de la mort*. Par un étrange et inquiétant sortilège, ces sept soeurs sont toutes plongées dans une léthargie qui semble les vider de leur énergie. Elles reposent dans un sommeil mystérieux, ni naturel, ni bienfaisant : un sommeil de la fièvre, précise la reine leur mère, très anxieuse à l'idée de les voir mourir par un éveil trop brutal. Comme autant de belles au bois dormant, elles attendent un prince pour ouvrir les yeux, dans une salle vitrée et embuée qui évoque les poétiques *Serres Chaudes* et leurs suffocations d'éther. Déjà, plusieurs princes ont échoué à les guérir. Celui que nous voyons arriver sur scène parvient à éveiller six princesses, mais l'une d'elle, sur laquelle une ombre semblait d'ailleurs planer, restera endormie à jamais : c'est la princesse Ursule. Sa vie a sans doute été aspirée de l'intérieur, vampirisée par cette léthargie maladive et morbide. Mais quel donc est ce prince, plus téméraire ou astucieux que ses concurrents, qui est parvenu à éveiller les six autres princesses ? C'est le prince Marcellus, celui-là même que Pelléas voudrait revoir avant son décès.

L'ombre de la mort plane donc au-delà du royaume d'Allemonde. Elle a touché ou commence à obscurcir le père de Pelléas, la première épouse de Golaud, la princesse Ursule, le prince Marcellus, Barbe-Bleue lui-même. Encore n'avons-nous toujours pas encore rencontré les pauvres qui viennent mourir sous les yeux des châtelains, ni évoqué tout à fait les drames qui clôtureront la pièce. Une fatalité noire, omnipuissante, règne sur l'univers ; les personnages en sont des proies, des spectres vaincus, leurs mouvements restent des illusions terrassées par avance dans un théâtre d'ombre.

La lecture de la lettre de Golaud nous donne quelques indications supplémentaires sur sa première vision de Mélisande. Absentes du livret utilisé par Debussy, elles gagneraient cependant à être prises en compte par une mise en scène : sa robe, digne d'une princesse, est déchirée par les ronces. Les contes de Grimm ont, dans *Pelléas et Mélisande* comme dans *La Princesse Maleine*, exercé leur influence sur Maeterlinck. Au sujet de *Blanche-Neige,* Grimm précise que la princesse, après avoir échappé au chasseur, *« se mit alors à courir, sur des pierres tranchantes et à travers des épines ».* [1] Persécutée par un pouvoir puissant, appuyé par un miroir magique dont l'eau nous donne un écho, Mélisande n'a eu d'autre issue que la fuite.

A la fin de la scène III, il s'agit d'allumer une lampe en haut de la tour qui regarde la mer pour aviser Golaud de sa bienvenue. Cela se fera le troisième jour après l'arrivée de la lettre ; gageons que si ce n'avait été trois, c'eût été sept, pour le plaisir de ces chiffres mythiques si puissamment connotés à travers les légendes, les contes, l'ésotérisme et les grandes religions.

---

1 *« Contes pour les enfants et la maison collectés par les Frères Grimm »*, édités et traduits par Natacha Rimasson-Fertin. José Corti, 2009.

L'œuvre de Maeterlinck (tout comme les tarots), comporte de nombreuses tours, qu'il s'agisse de véritables donjons, de phares ou de moulins (dont certains ont même perdu les ailes afin de mieux leur ressembler, dans *Onirologie)*. La tour remplit le même rôle que la surface de l'eau : c'est un passage vers une autre dimension. D'en haut, on accède à un autre univers, démoniaque ou divin. Parfois, l'équilibre entre les deux mondes se rompt violemment, comme dans ces tornades où les courants d'air chaud et froid se mêlent brusquement, détruisant tout sur leur passage. Cette forme oblongue, dressée vers le ciel, constitue aussi un tunnel vertical démultipliant les énergies à travers toute l'œuvre théâtrale de Maeterlinck : elle attise les passions, exacerbe la folie, aiguillonne la jalousie, noircit le désespoir, décuple les facultés paranormales, ouvre des dimensions inconnues ; elle est vertigineuse dans toutes les acceptations du terme. La tour de Babel n'a-t-elle pas favorisé l'orgueil et l'incommunicabilité des êtres ? Les tours chancellent sous l'orage et l'une d'elle s'effondre dans un étang, dans *La Princesse Maleine.* C'est en montant en haut d'une tour qu'Ablamore commence à perdre la tête et à nourrir des projets démoniaques, dans *Alladine et Palomides.* La tour où se réfugie l'une des héroïnes d'*Aglavaine et Sélysette* a des murailles ébréchées ; la jeune femme finira par en tomber. *« Les clés sont tombées de la tour, il faut attendre, il faut attendre, / Il faut attendre d'autres jours »,* précise la douzième des *Quinze chansons,* démontrant non seulement le pouvoir des clés, mais aussi celui de la tour. Au septième tableau, dans la grande tour de Beaurevoir, *Jeanne d'Arc* dialogue avec ses voix. Dans la pièce objet de notre étude, nous le verrons bientôt, la tour est assez puissante pour exciter les désirs.

La lampe est un autre symbole essentiel dans l'œuvre de Maeterlinck. Tout comme la clé, il parle de lui-même. Certes, elle éclaire ou permet de voir clair, mais sa lumière aveuglante ne garantit pas la véritable clairvoyance. Peut-être la lampe renferme-t-elle un génie, comme celle des *Contes des Mille et une nuits* ? Tout comme la clé, elle peut revêtir une personnalité à part entière, devenir vivante et comprendre la parole humaine : *« Toi, ma lampe, éteins-toi ! »,* lui ordonne *Joyzelle,* dans l'acte V (et la lampe obéit). Souvent, elle veille sur la mort, à moins que la mort ne cherche à l'éteindre. Dans *L'Intruse,* quand rôde la faucheuse, la lampe *« ne brûle pas bien »*, et l'on réclame alors avec angoisse *« La lumière ! La lumière ! ».* Dans la *Princesse Maleine*, l'on cherche des lampes à l'acte V, pour dissiper les ténèbres de la mort et de la culpabilité. C'est une lampe d'argent qui éclaire le morbide sommeil des *Sept princesses,* une lampe aussi que prendra le prince Marcellus pour traverser le cimetière souterrain. C'est la lampe encore qui menace de désigner les disciples de Jésus à leurs persécuteurs, acte III, scène V, dans *Marie-Magdeleine.* Si l'on recourt en vain l'éclat de la lumière pour dissiper la peur, il est impossible de le dissimuler : c'est *«comme si l'on cachait une lampe allumée dans un vase de cristal »,* entend-on dans *Joyzelle*, acte V, scène II. Dans *Sœur Béatrice,* Bellidor le traître convoque la lampe au chevet des mensonges destinés à endormir la méfiance de sa future victime, dans une prose où se dissimulent des parfums d'alexandrins : *« Ne cherche plus l'ombre pâle des lampes où cet amour dormait... Il a vu la lumière qu'il n'avait jamais vue, et chaque rayon qui passe éclaire son triomphe ».*

Depuis le pont de son navire, Golaud ne pourra manquer un signe aussi puissant qu'une lampe. Elle n'augure cependant rien de bon.

Scène IV

L'œuvre

Geneviève promène Mélisande dans les jardins. La nouvelle venue les trouve sombres, tout comme les forêts qui entourent le château. La seule clarté provient de la mer. Cela étonne tous ceux qui n'y sont pas habitués, ce qui n'est pas le cas de Geneviève, au bout de quarante ans de présence à Allemonde, ou presque. En contrebas du chemin où circulent les deux femmes, un bruit indique une présence humaine. C'est Pelléas. Geneviève pense qu'il hésite à faire son apparition. Elle l'appelle. Il prédit une tempête pour la nuit, malgré la mer calme. D'où ils se trouvent, ils bénéficient d'un panorama sur la mer. Des lumières indiquent les mouvements d'un grand navire quittant le port. Mélisande, aux voiles, reconnaît ce bateau : il l'a conduite à Allemonde, il risque fort de faire naufrage dans la tempête. La nuit tombe, les lumières des phares commencent à scintiller. Geneviève, qui veut retourner près du petit Yniold, rentre et confie sa bru à Pelléas ; ce dernier tend la main à la visiteuse pour l'aider à descendre le chemin escarpé, mais ses bras sont chargés *« de fleurs et de feuillages »*. Le jeune homme annonce qu'il partira le lendemain ; Mélisande, semblant intriguée, demande pourquoi.

La lecture

Voici enfin la rencontre de Pelléas et de Mélisande. La pauvre jeune femme frissonne dans l'obscurité impénétrable des lieux. *« Quelles forêts ! »* répète-t-elle, impuissante à les définir ou n'osant le faire en présence de Geneviève imperturbable. Cette dernière l'affirme tranquillement : dans certains lieux, on ne *« voit jamais le soleil »*. A l'acte III de *La Princesse Maleine*, pousse aussi une sombre forêt dans laquelle il ne fait pas bon s'attarder. Plaisante contrée qu'Allemonde, en vérité, noyée dans les ténèbres ! L'on s'y fait, paraît-il (mais après quarante ans, c'est encore heureux…). Geneviève ne fait guère d'efforts pour mettre sa bru à son aise. Elle souligne que Pelléas semble fatigué *« de vous avoir attendue si longtemps »*. Chargé d'allumer la lampe, le jeune homme semble avoir veillé bien tard. Maeterlinck n'écrit pas *« attendus »* (ce qui eût correspondu à Mélisande et à Golaud), il veille à indiquer le féminin. La subtilité ne peut être perçue qu'à la lecture, mais ce détail est loin d'être neutre : ce n'est pas le fils qui dérange, c'est la visiteuse. On laisse entendre qu'en outre, Mélisande intimide ce malheureux Pelléas : *« Je crois qu'il nous a vues, mais il ne sait ce qu'il doit faire »*. L'on notera, dans cette scène, une nette parenté avec le premier acte d'*Alladine et Palomides*, où l'arrivée de Palomides donne lieu aux répliques : *« Il ne nous a pas vus »*, puis : *« Est-ce vous » ?*

Maladroitement, Pelléas évoque le danger d'une tempête en mer. Outre ses ténèbres impénétrables, Allemonde réserve aussi des grains réguliers. Mélisande, semble-t-il, regarde partir avec angoisse le bateau qui l'a amenée : *« Pourquoi s'en va-t-il ? [...] Il fera peut-être naufrage. »* Aurait-elle envie de s'en aller aussi ? Il est tentant de l'imaginer nostalgique, face au spectacle, entre brume, ombre et lumières vacillantes, des vaisseaux aux voiles déployées parmi les phares. Elle et Pelléas s'abîment dans cette contemplation vespérale. La futilité de ce spectacle indiffère, irrite peut-être Geneviève, qui coupe court sans ménagement : *« Personne ne parle plus ?... Vous n'avez plus rien à vous dire ?... Il est temps de rentrer »*. Des phrases désagréables, gommées par Debussy. Le devoir l'appelle, Yniold en l'occurrence, cet enfant auquel Golaud avait le temps de penser, avant de l'oublier au profit de Mélisande. C'est encore un reproche, à peine voilé. Le départ de Geneviève laisse les deux jeunes gens seuls, tandis que le vent se lève, portant le chant de la mer.

Pelléas a décidé de partir. Pour rejoindre Marcellus, suppose-t-on. Faut-il se fier à ses décisions ? Devant Maurice Montabré, Maeterlinck n'hésita pas à qualifier Pelléas de *« pleurnicheur qui ne savait pas ce qu'il voulait »* (et d'ailleurs, le thème musical de Debussy, en passant entre deux notes comme d'un pied sur l'autre, se balance, demeure instable, indécis, faute d'un caractère conclusif). Comme on lui fit remarquer que c'était une étrange critique, de la part du créateur du personnage en personne, l'auteur répondit : *« Allons donc ! Il s'est créé tout seul ».* Boutade ? Sûrement pas. Lorsqu'il écrivit *Aglavaine et Sélysette,* Maeterlinck aboutit à une œuvre presque opposée à celle initialement projetée. Le triomphe d'Aglavaine, incarnation rayonnante de l'amour et de la beauté, n'a pas eu lieu. C'est la pauvre Sélysette qui nous bouleverse, c'est pour elle que nous prenons parti. Au lieu d'irradier ses proches de paix et de lumière, Aglavaine sème la mort et finit par avouer son impuissance et son erreur. Elle irrite le lecteur, c'est une intruse briseuse de ménage. Ainsi, les personnages, au fil d'idées successives, autant de pierres laborieusement empilées en édifice, se construisent parfois malgré les intentions conscientes de l'écrivain. A peine insufflée, la vie leur appartient et ses rouages ont une logique dont la complexité dépasse un esprit rationnel. Ils relèvent de la plus pure intuition, cette forme d'inspiration non intellectuelle en laquelle Maeterlinck croyait. La figure d'un personnage se dessine et impose ses propres lois ; face à l'auteur, c'est une entité douée de vie qui finit par surgir et cesser de se laisser contraindre, portée par sa propre logique.

Au moment du panorama sur la mer, dans l'opéra de Debussy, la musique (l'orchestre et le chœur en coulisses) peint tout ce que regardent les personnages. Cette suggestion auditive est l'un des sommets les plus sublimes de l'œuvre ; elle grouille de vie, de lumières voilées, de vents déchirant les brumes, de voiles gonflées, d'écume, de lueurs ensevelies sous les premiers grondements de la tempête. Par une délicate et habile superposition de rythmes palpitants, de tremolos vaporeux, d'appels de cors et de vaguelettes aux bois soutenant les dialogues des deux héros, Debussy suscite dans notre esprit tout le chatoiement et la mouvance du spectacle marin, dans une irisation qui, pour reprendre un terme du domaine photographique, démultiplie la profondeur de champ. Dans la pièce, l'effet obtenu par le texte seul est tout autre. C'est celui d'une solitude, d'une nostalgie, d'un abandon. La simple description, livrée par Mélisande et Pelléas, rend palpable la distance qui les éloigne de cet inconnu lointain, inaccessible, menaçant, confus. Nous éprouvons le sentiment d'un départ, d'un adieu, voire d'un épilogue.

Les navires, nous l'avons vu, furent des silhouettes familières dans l'existence de Maeterlinck. Au théâtre, le bateau est d'abord pourvoyeur de personnages : Mélisande, Aglavaine, Tintagiles en débarquent. Pour le reste, le vaisseau n'est pas souvent de bon augure. *La Princesse Maleine* en est hantée : à l'acte V (celui de la mort de l'héroïne), il est question d'un grand navire de guerre, noir, lugubre, sans marins, puis de trois bateaux dans la tempête. De grands vaisseaux passent dans *Les Aveugles*, un navire de guerre arrive *« à pleines voiles »* près des *Sept princesses* ; ses voiles touchent aux branches des saules, et l'on en insiste encore sur la puissance de son déplacement : *« Il a déjà toutes ses voiles ».* Les *Serres chaudes* confortent aisément cette impression menaçante : *« Je vois un yacht sous la tempête ! », « Un bateau de blessés ballotte au clair de lune ! », « Attention ! L'ombre des grands voiliers passe sur les dahlias des forêts sous-marines »,* tandis que *«[...] s'éloignent à pleines voiles des navires illuminés dans la tempête ! »*

Pelléas tend la main à Mélisande, qui a les bras chargés *« de fleurs et de feuillages ».* Créature de la nature trouvée dans la forêt, la jeune femme les a probablement ramassés et cueillis pendant sa visite des jardins. Comment ne pas songer à *Green*, la poésie des *Romances sans paroles* de Verlaine ! Mélisande, tout au long de l'œuvre, sera toujours attirée par le ciel bleu, l'eau claire, la lumière, les coquillages, les colombes, une rose dans les jardins : vivante, sensuelle, elle aime la vie. Elle n'a peur que des grands froids, des vieillards errants, des ténèbres. Allemonde l'éteindra graduellement comme une flamme privée d'oxygène.

La main tendue et refusée sera l'un des symboles récurrents dans l'œuvre et nous aurons l'occasion d'en être à nouveau les témoins. C'est encore une image de l'impossibilité d'être, de se rencontrer, de partager, d'être synchronisé avec autrui. Une vision de l'incommunicabilité et de l'impuissance, l'idée d'une quête vaine, d'une prière muette jamais exaucée. Le théâtre de Maeterlinck entier est riche de cette symbolique. Par exemple, dans *Joyzelle* : *« Je veux toucher tes mains que je n'ai pas touchées »* (acte II, scène I), *« Voici que ses mains semblent chercher les miennes ! »* puis *« Il faut que je m'attache aux caresses de tes mains »* suivi de *« [...] tes mains qui me fuient »* (acte IV, scène I), *«C'est moi qui te demande de me tendre à présent une main qui pardonne »,* (acte V, scène II). Dans *Les Sept princesses*, les belles endormies se tenaient par la main mais elles lâchent celle d'Ursule, qui meurt. *« Il m'a pris les mains en partant »*, dit l'un des *Aveugles* abandonnés par leur guide mort. Ygraine demande sa *« petite main »* à la future victime Tintagiles (acte I) ; dans la *Princesse Maleine,* la méchante reine demande ses mains à Hjalmar (acte II, scène II), puis le roi veut la *« petite main »* de Maleine, autre future victime (acte III, scène II). L'étreinte des mains, consentie ou refusée, semble sceller un destin souvent funeste. Nous verrons que Maeterlinck double ce symbolisme en y ajoutant la notion de moiteur ou de température de la main.

ACTE II

Scène I

L'œuvre

Voici une autre fontaine. Celle-ci est située dans le parc du château. Pelléas a voulu faire une surprise en y conduisant Mélisande. C'est là qu'il se réfugie, au frais, à l'ombre d'un tilleul touffu, et dans un grand silence, pour échapper aux fortes chaleurs d'été. Il s'agit d'une fontaine ancienne à bassin de marbre, à laquelle on a jadis prêté la vertu miraculeuse de rendre la vue aux aveugles. La fontaine est désertée depuis que le roi est devenu presque non-voyant. Mélisande est fascinée par la fraîcheur et le calme de l'eau ; elle veut en voir le fond mais, d'après Pelléas, nul ne sait d'où provient l'eau ni même si la fontaine est moins profonde que la mer elle-même. Il veut retenir Mélisande par la main pour l'empêcher de glisser, mais elle veut y plonger ses deux mains, prétendument malades ce jour-là. Ses cheveux dénoués, d'une extraordinaire longueur, plongent dans l'eau. A propos de fontaine, Pelléas questionne Mélisande : Golaud ne l'a-t-il pas rencontrée dans un semblable endroit ? La jeune femme esquive les questions, prétend avoir oublié les choses dites, se souvient surtout qu'elle n'avait pas envie d'être embrassée. Elle se met à jouer avec l'anneau offert par Golaud. Pelléas redoute une maladresse qui, si près de l'eau, serait fatale pour le bijou, mais Mélisande a confiance en son adresse. Eblouie par le soleil, vers lequel elle lance la bague, elle la laisse choir dans l'eau. C'est à peine s'ils croient la voir disparaître. La jeune femme est inquiète, ne comprend pas sa maladresse et se demande ce qu'elle pourra dire à Golaud s'il l'interroge sur la disparition de l'anneau. Mélisande le sait, ils ne retrouveront pas la bague. Ni elle, ni une autre. Pelléas conseille de ne pas s'en faire et de dire la simple vérité au chasseur.

La lecture

Onirologie, trois ans avant *Pelléas,* offre une sorte de répétition de cette scène. Parmi les émergences d'une soirée qui conditionnèrent la nuit du narrateur, figure *« un anneau d'or, qu'elle laissa choir dans le bassin »* (et c'est un *« bassin de marbre avec sa fontaine aux reflets de tilleul »*) ; elle *« éveilla une autre et étrange elle-même en le reprenant à travers l'eau froide ».* En d'autres termes, en pénétrant dans l'eau, le personnage féminin traverse le miroir, atteint une autre dimension où rien n'est semblable. L'on devient un autre soi-même, comme Alice à travers le miroir, qui grandit, rapetisse, parle aux fleurs, aux cartes à jouer et au ver à soie. Dans les *Chansons complètes* de 1896, *« L'anneau glisse et l'anneau luit, / L'anneau trouble l'eau qui fuit, / L'anneau tombe dans la nuit... / L'anneau tombe et la couronne, / Que les anges nous pardonnent !... / La couronne tombe aussi / Dans l'eau froide et dans la nuit. »*

Le tilleul a des vertus apaisantes et, traditionnellement, cet arbre évoque l'amitié et de la fidélité. Dans les *Métamorphoses,* Ovide illustre la fidélité de Philémon et de Baucis par la présence d'un tilleul dans le sanctuaire de Zeus. Le tilleul de *L'Oiseau Bleu* est un arbre rassurant, *« placide, familier, jovial »,* le seul à inspirer de la sympathie au milieu d'une végétation hostile et menaçante.

Ainsi donc, c'est près de l'eau que la relation de Pelléas et de Mélisande se noue, tout comme celle de Mélisande et de Golaud. Une fontaine de marbre, dont les vertus légendaires sont tombées dans l'oubli depuis que la cécité a gagné le château lui-même. Un royaume gouverné par un aveugle, aussi peu clairvoyant que tous ceux qui l'entourent. La nuit et la maladie règnent jusqu'aux plus hauts rangs d'Allemonde. Cette fontaine sans fond, pleine d'ombre et de silence, du même marbre dont sont faits les monuments funéraires, se présente déjà comme un tombeau.

La *Princesse Maleine* et le prince Hjalmar se rencontrent eux aussi autour d'un jet d'eau qui, poussé par le vent, arrose Maleine : un même rituel ablutoire vient baptiser la chevelure de Mélisande, plongeant dans l'eau. *« Il y a quelqu'un qui pleure ici »,* s'écrie Maleine, croyant recevoir une pluie de larmes, mais seule, Mélisande pleure auprès de l'eau. Gouttes d'eau ou larmes, elles préfigurent des gouttes de sang.

Paisible et clair, l'élément liquide conserve toute sa dimension tragique et funeste : il préserve la pureté de l'amour mais menace aussi de tout engloutir. Il invite à la baignade et voue à la noyade. Derrière le miroir de sa surface, l'infini s'étale : nul n'a jamais vu le fond d'une eau pourtant sensée donner la vue. Cet élément transfigure tout ; semblable en cela au symbole de la tour, il facilite le transfert dans une autre dimension, souvent redoutable parce que ses forces ne peuvent en être contrôlées ni même soupçonnées ; elles ne sont pas à l'échelle humaine.

Dans *Alladine et Palomides,* des jets d'eau bruissent dans les jardins ; ils ont été installés là à mesure des morts successives des six filles du roi, en une sorte de métempsychose, tout comme la *Petite Sirène* d'Andersen, en mourant, devient une Fille de l'air. A l'acte II, le vieux roi Ablamore le confirme en affirmant que *« toute l'âme »* jaillit *« du fond de la douleur comme une eau pure et vive ».* Des jets d'eau bruissent aussi dans l'acte I de *Marie-Magdeleine* ou à l'acte III, scène II de *Joyzelle.*

La cécité physique évoque si bien notre aveuglement personnel que Maeterlinck l'a fréquemment abordée. *« J'ai vécu bien longtemps comme une aveugle »*, confie Ygraine à l'acte I de *La Mort de Tintagiles.* Le don de double vue de l'aveugle, dans *L'Intruse,* lui permet de percevoir très nettement la mort qui rôde dans la maison, mais sa famille le prend pour un fou agité que l'on ne parvient à apaiser. Beaucoup plus vulnérables seront *Les Aveugles* réduits à l'impuissance pour retrouver leur chemin : le guide sensé les promener est mort parmi eux. Dans la pièce qui nous occupe, seuls, Yniold et Mélisande garderont les yeux ouverts (ce n'est pas un hasard si Golaud s'en étonne en découvrant la jeune femme, à la scène II de l'acte I). Tous les autres, pour des raisons variées, ne verront rien venir, ne comprendront pas, rêveront leur vie, vivront leurs rêves et leurs cauchemars.

L'anneau perdu est l'une des clés de cette première scène de l'acte II. Perdu ou jeté à l'eau ? Freud évoquerait sans mal un acte manqué, d'autant que Mélisande, fanfaronne, ne doute ni de son habileté ni de la fermeté de ses mains ; c'est pourtant un moment passager d'aveuglement (cette fois, c'est à son tour !) qui va lui faire commettre l'irréparable. Les lampes et le soleil ne sont pas seulement pourvoyeurs de lumière ; leur éclat peut brouiller la vue. Désir de vérifier jusqu'où descend l'anneau dans l'eau claire ? Enfantillage stupide ? Envie de soigner des mains mystérieusement malades ? Ce mal ne serait-il pas la simple gêne de son union avec Golaud, représentée par l'alliance ? Mais alors, pourquoi vouloir à tout prix plonger les deux mains, puisqu'une seule la porte ?

Prinzivalle, dans l'acte II, scène III de *Monna Vanna*, raconte le tendre souvenir de sa rencontre avec l'aimée. C'était à Venise, ville aquatique s'il en est ; assise près d'un *« bassin de marbre »,* Monna avait perdu une *« mince bague d'or »* dans l'eau et pleurait *« près du bord ».* En allant la ramasser, Prinzivalle manqua de se noyer : l'eau ne rend pas volontiers ce qu'elle a conquis (Mélisande, d'ailleurs, menaçait de se jeter dans l'eau à la place de sa couronne, si Golaud la repêchait). Peu après, Prinzivalle évoque sa solitude, un mur qui l'isolait des autres ; par son amour pour Monna, ce mur devenait transparent : *« J'y plongeais les mains, j'y plongeais les regards comme dans une onde fraîche, et les en retirais ruisselants de lumière, ruisselants de confiance et de sincérité ».* L'eau, même métaphorique, sublime, magnifie, baptise, mais condamne aussi. C'est ainsi que ces personnages se sont perdus de vue et se retrouvent au beau milieu d'une guerre dans laquelle tout leur est contraire.

Dans *Aglavaine et Sélysette,* une terrible phrase nous renseigne davantage sur le symbolisme de ce double plongeon des mains : *« Il eût fallu plonger mes deux mains dans ton âme pour y chercher la mort que j'y sentais vivante ». «J'entends ses vagues comme si j'allais y tremper les deux mains ! »,* s'écrient *Les Aveugles* écoutant le chant de la mer. *Joyzelle,* acte I, scène II, évoque *« Un brouillard si épais qu'il emplissait les mains ».* Toujours voluptueux, quoique fréquemment morbide, le rituel ablutoire des deux mains se présente à la fois comme une prière et comme une communion : une autre forme de passage d'un individu à un autre, d'un monde à l'autre, d'un état à un autre. A ce titre, transgressant les lois naturelles, il menace de grands dangers.

Plonger les deux mains dans l'eau est un nouveau prétexte de Mélisande pour ne pas tendre la main à Pelléas (il lui propose de la tenir pour éviter qu'elle tombe). Elle n'aime pas à être retenue, touchée. Lorsqu'elle déclare que Golaud voulait l'embrasser, ment-elle, comme s'en indigne André Boucourechliev ? Il n'y voit qu'une coquetterie prétentieuse. Mélisande devait au contraire en être convaincue, pour s'écrier à quatre reprises : *« Ne me touchez pas ! »* face au chasseur séduit. Alors, innocemment, Pelléas la questionne : pourquoi donc ne pas avoir voulu être embrassée ? Elle ne répond pas, devient nerveuse, croit voir quelque chose dans l'eau, joue avec sa bague. Elle dissimule un malaise, tente d'attirer l'attention du jeune homme sur des futilités. Nul artifice là-dedans, sinon une fuite farouche, le syndrome d'une peur persistante.

La chevelure de Mélisande plonge elle aussi dans l'eau. C'est la première fois que cette parure naturelle se dévoile à nos yeux, plus longue que ses bras, plus longue qu'elle-même. *Ariane et Barbe-Bleue* évoque déjà cet attribut avec admiration : flots tièdes, boucles rebelles, au travers desquels Mélisande regarde Ariane. Cette dernière déclare : il s'agit là du *« plus beau miracle que j'aie vu ; elle éclairait là-bas l'ombre du souterrain et souriait encore dans la nuit d'un tombeau »* (acte III). Sa chevelure, semblant *« l'entourer de flammes immobiles »,* est si lumineuse que Mélisande l'agite pour alerter les secours, au loin. Ces boucles blondes sont aussi celles de la Vierge, dans *Sœur Béatrice,* puis celles de Béatrice elle-même, jaillissant *« comme des flammes délivrées ».* Ce sont encore les boucles des sœurs de Tintagiles, coupées, semées comme par un Petit Poucet, entremêlées dans un *« ruissellement ».* Quant à la chevelure de *Marie-Magdeleine*, qui *« couvrirait d'un voile d'or impénétrable la surface de cette vasque de porphyre »* (acte I, scène I), elle *« ruisselle sur ses épaules »* en se dénouant lorsque la sainte est touchée par la grâce (acte II, scène II). Dans *L'Oiseau Bleu*, la fée Bérylune évoque sa chevelure blonde comme les blés : *« On dirait de l'or vierge !... Et j'en ai tant et tant que ma tête me pèse... Ils s'échappent de partout. Les vois-tu sur mes mains ? ».* Dans *Joyzelle,* les cheveux de l'héroïne rivalisent avec ceux de Mélisande : rayons, diamants et flammes (acte II, scène I), flot de lumière immobile *« et la lune ne sait plus à qui appartient l'or qui se mêle à l'azur où glissent ses rayons »* (acte III, scène II*), « or réel des cheveux qui attestent le jour »* (acte IV, scène I).

Déjà, dans *Onirologie,* il était question d'une jeune fille penchée, *« révulsant ainsi une chevelure presque blanche »* à force de blondeur, coulant le long d'un moulin. La chevelure réunit les quatre éléments : feu (flammes), air (lumière), eau (flots, ruissellement) et terre (or). Cette conjonction est de nature à sublimer tout être humain. Au cours de la pièce, les cheveux de Mélisande joueront des rôles supplémentaires et différents.

La fascination pour la chevelure, interminable et opulente, digne de Raiponce ou de la Lorelei, grâce à laquelle les femmes se cachent comme derrière un rempart tout en exhibant sans pudeur leur animalité, devenait évidente dans les portraits de Winterhalter (*l'Impératrice Elisabeth*, 1864 et 1865, *Madame Rimsky-Korsakov,* 1864), avec les nymphes et les *Vénus* d'Alexandre Cabanel (1863) ou de William Bouguereau (1879). Sous le pinceau de Dante Gabriel Rossetti, *Lady Lilith* se coiffe en 1867 ; que dire encore de la *Princesse enchaînée à un arbre*, (1866), d'Edward Burne-Jones, dont seuls les cheveux semblent libres ? Le symboliste Pierre Puvis de Chavanne éprouve une semblable fascination pour la chevelure : *Marie-Madeleine au désert* (1869), *Jeunes filles au bord de la mer* (1879), *La toilette* (1883) où se laisse brosser une longue chevelure blonde, *Les Baigneuses* (vers 1890), qui font écho à la *Baigneuse blonde* de Renoir (1882). La chevelure, d'Henri-Edmond Cross (vers 1892), se substitue complètement à la femme, en dissimulant tout son visage, finissant par usurper son identité pour gagner une existence à part entière. Elle finit même par atteindre une dimension tentaculaire avec la scène de vampire *Tête d'homme dans les cheveux d'une femme* (1893) d'Edvard Munch. L'œuvre de Frank Cadogan Cowper (1877 - 1958) est prodigue en chevelures coiffées ou dénouées ; *Raiponce* (1900) les déploie, *Sainte Agnès en prison* (1905) en est uniquement revêtue. La poésie *La Chevelure* (*Les Fleurs du Mal*) de Baudelaire, laisse exploser sa dimension érotique dès 1857. A qui appartient-elle ? Peu importe, puisqu'elle vit et suffit à séduire ! En 1880, lorsqu'il évoque *Nana*, la *« blonde grasse »,* sur son lit de mort, Zola préserve à sa chevelure toute sa splendeur autour d'un corps pourri : elle lui survit, trace ironique d'une beauté ravagée par la purulence. Plusieurs fois mentionné, l'érotisme des cheveux rythme les *Chansons de Bilitis* de Pierre Louÿs (1894) ; citons encore la *Belle aux cheveux d'or* de *Stavelot*, par Guillaume Apollinaire (1899).

Le plongeon des cheveux de Mélisande dans l'eau, est-ce l'érotisme qui éclate ? L'abandon à l'amour ? La preuve d'une fragilité ? La révélation du désir ? Le témoignage d'une intimité ? Tout cela à la fois, sans doute, et plus encore le passage de leur relation dans une autre dimension.

Après les cheveux, l'anneau a plongé ; lui, disparaît à jamais. L'eau ne consent à restituer, en guise de bague, qu'une seule forme ronde, *« grand cercle »* qui s'élargit à sa surface. Un même cercle, sans doute, a été troqué contre la couronne de la scène II, à l'acte I. Midi sonne au moment où la bague s'efface du monde visible ; c'est une heure fatidique, forme de paroxysme du jour, à laquelle répond parfois celle de la nuit. L'acte I de *Princesse Maleine* alterne la fête tragique (scène I) à minuit, et la scène II, à midi. *Les Aveugles* avouent ne plus savoir s'il est midi ou minuit, lorsque l'horloge sonne. Le sommet du jour ne saurait être neutre, c'est encore un passage.

Pelléas incite Mélisande à quitter les lieux. Il semble pressé, depuis qu'il a entendu sonner les douze coups. *« On pourrait nous surprendre »*, dit-il. La culpabilité fait irruption dans l'œuvre, déjà trace d'une innocence perdue. C'est le jeune homme qui a eu l'idée de cette promenade ; il a entraîné Mélisande vers ce lieu propice au repos et à la fraîcheur, où il s'isole souvent. Il est conscient cependant d'avoir franchi une limite et redoute d'être surpris en flagrant délit d'intimité avec la jeune femme. Il n'est pas possible de savoir par qui il redoute le plus d'être surpris. Sûrement pas par Arkël, trop âgé pour hanter le parc ; plus probablement par Geneviève, qui en a fait visiter les abords à Mélisande à l'acte I, et bien évidemment, par Golaud, l'aîné et l'héritier du pouvoir.

Mais alors, pourquoi alors avoir couru ce risque ? Pelléas aime la jeune femme sans le savoir mais se rend parfaitement compte des risques de sa conduite envers elle. Mélisande s'inquiète aussi. Ce n'est pas pour la même raison : la perte de la bague est une sottise impossible à réparer. Elle redoute Golaud, le géant, et se demande ce qu'elle lui répondra s'il l'interroge au sujet de cette disparition. *« La vérité, la vérité, la vérité »*, se contente machinalement (ou du moins, mécaniquement) de répéter Pelléas, peu inspiré, avec une insistance suspecte. En un écho funèbre, le tragique acte V fera quatre fois de suite entendre ce mot terrible.

Scène II

L'œuvre

Nous sommes dans une chambre. Golaud est allongé ; sa femme est à son chevet. Le chasseur ne comprend pas comment l'accident est arrivé : à midi pile, son cheval s'est emballé. Golaud est tombé, le cheval a dû tomber sur lui mais, malgré la violence du choc, l'homme est d'une constitution robuste : à peine saigne-t-il de la bouche. Mélisande tâche de s'empresser auprès de son mari, qui n'a besoin de rien, ni d'un verre d'eau, ni d'un oreiller propre, ni surtout d'être veillé toute la nuit. Elle fond en larmes, suscitant l'inquiétude de Golaud : qu'a-t-elle ? Elle éprouve des difficultés à s'exprimer, à s'expliquer, elle se prétend malade, souffrante. Personne ne l'a offensée ni blessée mais elle n'est pas heureuse à Allemonde. Elle voudrait s'en aller avec Golaud, redoute de mourir bientôt, c'est plus fort qu'elle. Le chasseur troublé insiste, veut comprendre, s'inquiète, soupçonne sa mère ou son frère d'avoir été désagréables envers sa femme. De Pelléas, Mélisande déclare : il ne l'aime pas, mais il lui parle lorsqu'il la voit. Golaud, qui a toujours trouvé son frère un peu étrange, prend sa défense : la mort imminente de Marcellus affecte le jeune homme encore immature, qui agit étourdiment. Le chasseur se rend bien compte que la vie au château n'a rien de plaisant, entre vieillesse et obscurité, mais la joie n'est pas courante en ce bas monde, aussi faut-il s'y faire, c'est du moins ainsi que les adultes doivent se comporter. Mélisande l'avoue, cette obscurité est pesante, elle a vu le ciel ce matin même pour la première fois. Golaud s'amuse, attendri de tant de naïveté : elle pleure de ne pas voir le ciel ! Dans un élan de tendresse, il veut lui baiser les mains et remarque alors que l'anneau, *« la bague de nos noces »*, explicite-t-il, n'y est plus. Mélisande, manifestement terrifiée, bredouille des explications confuses. Elle l'a perdue mais sait très bien où elle est tombée : dans une grotte au bord de la mer, où la jeune femme est allée ramasser des coquillages pour Yniold. Golaud ne transige pas, il est impératif de retourner tout de suite dans la grotte avant la marée haute : il ne dormira pas avant que la bague, à laquelle il tient visiblement beaucoup, soit retrouvée. Mélisande est prise de terreur. Il fait presque nuit ! Elle ne se sent pas le courage d'aller seule dans la grotte. Le chasseur lui ordonne de s'y rendre avec Pelléas, qui fera ce qu'on lui demande. La jeune femme sort en pleurant.

La lecture

C'est au moment précis de l'engloutissement de l'anneau que le cheval de Golaud s'est emballé brusquement. Il a couru *« comme un aveugle fou »* tandis que la bague descendait au fond de la fontaine des aveugles sans fond... L'eau, passage d'une dimension à l'autre, a transmis le message de cet amour naissant, dont les jeunes héros n'ont eux-mêmes qu'une (mauvaise) conscience très floue. Si le chasseur n'a pas compris, l'animal, lui, a perçu l'avertissement. Le choc a été violent mais Golaud en a vu bien d'autres et s'amuse de sa propre solidité. Sa carrure l'encombre ; dès l'acte I, il tient déjà à souligner que, malgré les apparences, il n'est pas un géant. Sa posture n'est pas dénuée d'une certaine coquetterie. Presque fanfaron, il l'affirme, il en a vu d'autres, lui qui est fait *« au fer et au sang »*. Bien maladroitement, lorsqu'il embrasse les mains frêles de Mélisande, il lui déclare qu'il pourrait les broyer avec facilité. Une fois de plus, la conscience de sa puissance pousse Golaud à proférer des menaces et lui donne envie d'en user face à des êtres qu'il sait sans défense.

Il y a une tache de sang sur l'oreiller, sûrement moins étendue que celle du perron, au premier acte, et que les servantes s'évertuaient à vouloir nettoyer. *La Princesse Maleine* exploite aussi l'idée du sang répandu, formant des taches sur les murs (acte II, scène III), sur la robe (acte II, scène VI), et sur les cheveux (acte V, scène II) de la princesse. Le sang coule du nez de Maleine à deux reprises (acte II, scène VI, pour préfigurer son assassinat, acte IV, scène V) ; Hjalmar se poignarde, le sang l'étouffe (acte V). Le thème funeste de la tache (mais nous ignorons sa nature) est également exploité par Maeterlinck dans *La Mort de Tintagiles* : Aglovale, examinant l'épée sur laquelle il compte pour repousser le danger et défendre l'enfant, voit

« près de la garde, une petite tache... ». L'épée se brisera net lors du premier assaut. Tache ou fêlure, il s'agit du signe avant-coureur d'une blessure bien plus grande ou d'une rupture.

C'est aussi par du sang (trois gouttes tachant la neige) que commence *Blanche-Neige.* La reine fait alors le vœu d'une grossesse. Une autre tache de sang trahit la dernière épouse de *Barbe-Bleue.* Nous l'avons déjà constaté, les contes de fées de Grimm et de Perrault, parfois ceux d'Andersen, ont profondément influencé Maeterlinck, de même que les légendes arthuriennes. Chiffres trois ou sept, clés, couronnes, cygnes, ondines, sommeils, miroirs, épées, sources, tours, chevelures, forêts, parmi d'innombrables symboles, imprègnent cette littérature. L'origine de nombreux contes remonte à Basile (1566 ou 1575 - 1632), influencé par Boccace et inspiré par Esope, ce conteur grec mort au sixième siècle avant Jésus-Christ. Ainsi, des allusions plus ou moins directes et littérales convoquent *Blanche-Neige* et *Barbe-Bleue*, mais aussi *La Belle au bois dormant, Cendrillon, Peau d'Ane, Le Petit Poucet, Le Petit Chaperon Rouge, Hansel et Gretel, Demoiselle Maline, L'Ondine de l'étang, Raiponce,* et *Les Cygnes Sauvages.* Ces références sont plus particulièrement condensées dans *L'Oiseau Bleu, La Mort de Tintagiles, Les Sept princesses, Princesse Maleine* ainsi que dans *Pelléas et Mélisande.*

Ebranlée sans doute par l'entrevue avec Pelléas, Mélisande se sent soudain vaincue par le pressentiment de sa propre mort prochaine. La bouffée d'air de la promenade en compagnie du jeune homme lui rend le château plus irrespirable et froid encore, hanté par la mort, la maladie et la vieillesse. Probablement éprouve-t-elle aussi une certaine culpabilité, ajoutant à sa confusion et aux difficultés à s'expliquer sur ce mal-être. Elle paraît bien désarmée à soigner un mari aussi robuste. Repense-t-elle à la fontaine, lorsqu'elle propose un dérisoire verre d'eau ? : *« Je n'ai pas soif »*, répondit-il. *« Je préfère vous le dire aujourd'hui ; seigneur, je ne suis pas heureuse ici... ».* Cet aveu ressemble à une délivrance.

Expliquer *pourquoi* elle n'est pas heureuse est une toute autre affaire. Mélisande sait-elle vraiment ce qui lui arrive ? Si c'est le cas, elle ne peut pas l'avouer. Ce sera évidemment un dialogue de sourds : pour Golaud, pragmatique et rustique, tout ce dont on peut discuter peut être compris. Mélisande, comme Maeterlinck lui-même, est familière de l'inexprimable, de l'indicible, de ce qui relève de l'intuition, de l'instinct, de l'inconscient. Il n'est pas de mots pour traduire la prescience, encore moins pour l'expliquer ou la justifier : elle relève du ressenti, de la certitude, de la plus intime conviction. *« Quelque chose qui est plus fort que moi »,* résume Mélisande avec justesse, tout en se doutant aisément qu'aucune de ces explications ne pourra être saisie. Golaud le possessif tente de réduire ces larmes à un fait concret, il songe aussitôt à une rupture ; s'il n'a pas tout à fait tort, il n'a pas entièrement raison.

Souffrance et maladie ne se limitent pas à une pathologie physique, et les mains malades de Mélisande sont en pleine santé. En proie à l'amour, Alladine se prétend *« un peu souffrante »* (*Alladine et Palomides*, acte II). Le sentiment est une perturbation si puissante, si irrépressible, qu'il envahit le corps entier, le possède, le transfigure, y suscite des fièvres étranges, déclenche des moiteurs, des pleurs, des tremblements inexpliqués, des phobies mystérieuses, une hypersensibilité à l'obscurité ou à la lumière, ainsi que des facultés paranormales telles que la télépathie, la double vue, le dédoublement. Nous verrons comment Mélisande, habitée par l'amour, sera trahie par de tels symptômes. Elle prétend le deviner : Pelléas ne l'aime pas, même s'il consent à lui adresser la parole lorsqu'il la rencontre. Elle ne dit pas la vérité puisque nous les avons vus bavarder librement, mais le jeune homme se borne à lui poser des questions futiles et ne lui raconte rien de bien profond. Peut-être souffre-t-elle tout de même d'aimer sans retour, puisque Pelléas, à ce moment de l'intrigue, n'a pas pris conscience de ses sentiments. Il ne l'aime pas, elle l'a vu dans ses yeux, dit-elle : il ne faut pas forcément comprendre qu'il se montre indifférent, voire hostile, mais il n'est pas amoureux d'elle. C'est un tendre reproche qu'elle adresse à Pelléas à travers Golaud.

Le chasseur se fâche ici pour la première fois. Nous nous doutions que l'anneau perdu lui venait de sa première femme ou de ses propres ancêtres. *« Tu ne sais pas d'où elle vient »*, se contente-t-il de dire brutalement, comme si elle était trop stupide pour mesurer la signification de ce bijou. Mélisande ne pèse pas lourd dans cette affaire, face à la dynastie d'Allemonde et à ses héritages, en proie à des terreurs dont Golaud n'a pas même idée, non plus que de ses rêves de lumière. Malgré le chagrin tout juste avoué par sa femme, il la rudoie sans pitié, exige qu'elle affronte les ténèbres et, maladroitement, la pousse vers Pelléas. La sensibilité extraordinaire de la jeune femme ne finit-elle pas par l'irriter, par l'impatienter ? Il aimerait sûrement la secouer encore, pourvu qu'elle se conforme mieux à la vie menée à Allemonde. Il a déjà dû sentir les réticences de Geneviève au sujet de ce remariage, il s'inquiète de ce que pensera la famille de ces *« rêves d'enfant »* qui, après l'avoir attendri, commencent à l'impatienter. Il le lui rappelle, lui intime : *« Sois raisonnable »,* s'agace ; elle n'a plus l'âge de pleurer parce qu'elle ne voit pas le ciel.

Golaud devient autoritaire et sec, sa confusion le rend contradictoire. En effet, elle ignore d'où provient cette bague à laquelle il tient tant, mais il ne le lui révèle pas. Cependant, il reproche à la jeune femme de ne pas communiquer : *« Si tu ne me dis rien, que veux-tu que je fasse... ».*

Golaud s'est résigné depuis longtemps à son destin de prince. *« On peut égayer tout cela si l'on veut »*, dit-il à propos d'Allemonde. Mais il se trahit ; lui-même le concède, le château est *« vieux », « froid », « sombre », « très profond »*, peuplé d'habitants *« déjà vieux »* et ceinturé d'une campagne *« bien triste »* avec des forêts *« sans lumière »*. La messe est dite : bien évidemment, l'étendue de la désolation est trop vaste, on ne pourra rien égayer, même en le voulant. Seulement, il s'y est accoutumé : sa nature rustique l'y aide ; son destin royal le lui commande. Ses joies, on l'aura compris, se limitent à la chasse, sans doute à la bonne chère et au sommeil ainsi qu'à quelques plaisirs familiaux. Des sortilèges de l'esprit, il ne connaît rien, il n'y a pas accès. C'est là, sans doute, ce qui l'éloigne le plus de Mélisande. De l'amour, il connaîtra surtout la jalousie, dérèglement de la possession la plus animale.

Le château d'*Alladine et Palomides* est aussi peu accueillant que celui d'Allemonde. C'est également une forme de geôle obscure. A l'acte I, nous y apprenons que l'on s'y perd ; l'on y pousse *« trente portes avant de retrouver la lumière du jour »,* la dernière s'ouvrant *« sur un étang ».* Des voûtes *« ont froid tout l'été »,* des galeries *« se replient sans cesse sur elles-mêmes »,* des escaliers *« ne mènent nulle part »* et des terrasses n'ont aucun point de vue. Pour abriter leur amour, Palomides promet à Alladine d'autres pays, d'autres horizons, avec un ciel qui ne ressemble pas *« aux voûtes d'une grotte, avec des arbres noirs que les tempêtes font mourir... ».* Ils n'y atteindront pas, cependant : dans ces châteaux, les portes se referment pour toujours.

Mélisande le dit : elle n'est *« pas heureuse »,* ce qui est bien pire que d'être simplement malheureux. Elle sort en pleurant.

Scène III

L'œuvre

Nous voici devant la grotte où Mélisande a situé la perte imaginaire de l'anneau. Il fait nuit noire. Pelléas parle *« avec une grande agitation »,* précise une didascalie. La grotte est redoutable. Pleine d'épaves et de trésors supposés, elle ne comporte qu'un sentier étroit entre deux lacs sans fond. Beaucoup de visiteurs n'en sont jamais revenus. Dans leur précipitation, les jeunes gens n'ont pris ni torche ni lanterne, et doivent attendre que la lune se dégage pour avoir une chance de circuler sans danger. Mélisande doit voir la grotte afin d'être capable de la décrire, si Golaud la questionne. La lune surgit, faisant scintiller les cristaux couvrant la grotte ; elle éclaire trois vieux pauvres réfugiés là, endormis. Terrorisée par cette vision fantomatique, Mélisande veut fuir, ils s'en vont sans bruit pour ne pas éveiller les vieillards ; elle *« préfère marcher seule ».* Pelléas prévoit de revenir un autre jour.

La lecture

L'apport de la musique de Debussy, bien évidemment, sublime cette scène par l'élargissement de notre champ sensoriel. L'orchestre, personnage à part entière, rend palpables l'obscurité, les murmures de la mer, les scintillements des cristaux, le déchirement des nuages, la misère des vieillards autant que l'anxiété des personnages. Art de la nuance, d'une sensualité inouïe, d'une puissance frémissante de vie. Quel chef d'œuvre !

Le lieu où nous entraînent les deux personnages est troublant et, à l'instar de nombreux autres symboles manipulés par Maeterlinck, il est à double face. C'est donc une grotte au bord de la mer, à la fois merveilleuse et terrible. Ce soir, la mer gronde et, tout comme Mélisande à la scène précédente, ne semble *« pas heureuse cette nuit ».* Cette correspondance n'est pas fortuite et indique la relation de résonance étroite que nourrit la jeune femme avec son environnement. Souvent, nous verrons le monde extérieur refléter ses états d'âme, ou influer sur eux ; elle instaure à plusieurs reprises des dialogues avec la nature ou les éléments que nul autre ne déchiffre. Cette facilité à communiquer au-delà des mots, au-delà de l'intellect, a toujours exercé une profonde fascination sur Maeterlinck. L'auteur évoque la télépsychie dans *Onirologie* : elle permet à deux êtres d'entrer en contact, nous dirions aujourd'hui de se « connecter » à distance. *La Mort* aborde longuement tous les mystères de la conscience, de la possibilité de sa survivance, du spiritisme et de la médiumnité, des contacts avec les défunts, de leurs manifestations. Il est particulièrement étrange que, tout en mentionnant d'anecdotiques phénomènes spirites, Maeterlinck ne se réfère jamais à Allan Kardec. Cet auteur, incité par plusieurs personnalités de l'académie des Sciences à étudier les phénomènes paranormaux, a publié sur ces sujets une œuvre abondante à partir de 1857. Elle dépasse largement le stade des tables tournantes pour aborder tous les aspects de l'âme humaine dans leur dimension philosophique et spiritualiste la plus universelle : médiumnité, voyance, double vue, réincarnation, dimension morale de la Foi. La portée de l'œuvre d'Allan Kardec, réellement sublime, est malheureusement souvent négligée au profit d'un folklore insignifiant.

Dans la grotte où se déroule la scène, le seul parcours possible est celui d'un sentier étroit, aussi peu praticable que celui de la scène IV, à l'acte I. De chaque côté du chemin se trouvent des lacs aussi profonds que la fontaine des aveugles : leur fond non plus n'a pas été trouvé. Rien de ce paysage n'est à l'échelle humaine. La grotte elle-même est sans fond, faute d'avoir été entièrement explorée. Le danger de noyade est réel, certains y ont perdu la vie ; Pelléas, apeuré, guette prudemment le retour du clair de lune pour avancer. Peuplant cette caverne, des carcasses de bateau y sont amassées, renfermant de possibles trésors. Ces détails livrés par le jeune homme, exclus du livret de Debussy, pourraient servir de base à de merveilleux décors.

Une autre grotte est explorée à l'acte II d'*Ariane et Barbe-Bleue*, sous le château enchanté. L'on y découvre la prison des anciennes femmes du méchant homme. Il faut là aussi prendre garde à une *« eau dormante et très profonde »*. Plus prévoyante que Pelléas, la visiteuse téméraire de cette pièce a une lanterne, mais la grotte (peut-être prend-elle vie, faisant preuve d'une volonté propre, comme la clé ou la lampe le font parfois), parvient à éteindre la lumière en s'égouttant sur la flamme. L'une des captives propose alors sa main à Ariane pour la guider, mais aucune réplique, aucune didascalie ne nous indique si les mains tendues sont prises ou refusées. C'est aussi une grotte qui regarde la mer dans laquelle s'endort Lanceor échoué, dans l'acte I, scène II de *Joyzelle*, avant le début des sortilèges de l'œuvre. Dans *Alladine et Palomides*, la grotte est un lieu de supplice, où les héros sont enfermés pour y périr. De fabuleuse, lorsqu'une lumière surnaturelle venue de la mer la baigne, la caverne devient hideuse et effroyable lorsque le jour finit par y pénétrer. Avec la métamorphose du lieu, le couple bascule de l'amour et de l'extase dans l'agonie, en tombant dans l'eau. Ainsi, Golaud envoie Pelléas et Mélisande à la grotte : autant dire à la mort.

La lune finit par déchirer le nuage pourvoyeur d'obscurité. La lumière dissipe les *« ténèbres bleues »* et fait scintiller l'intérieur de la grotte, emplie de cristaux féeriques ; mais les changements d'éclairage font rapidement basculer du morne sombre au clair sublime puis à l'affreux, comme dans *Alladine et Palomides*. Une vision apparaît, terrorisant Mélisande au point qu'elle ne parvient plus à formuler de phrase. Trois pauvres sont là. Une didascalie le précise, ils ont les cheveux blancs et sont assis côte à côte en se soutenant, contre un rocher. Pelléas enjoint le silence à Mélisande, pour ne pas les réveiller. Il le rappelle, une *« grande famine désole le pays »*. Il veut raisonner, sans doute pour atténuer l'horreur de cette apparition. Il ne sait pas pourquoi ces trois malheureux ont trouvé refuge dans une grotte aussi dangereuse et inhospitalière, mais leur présence témoigne clairement du degré d'horreur et de misère frappant le reste du pays ! Le trio est âgé, blotti, comme entassé en une forme à peine humaine, à l'équilibre précaire. Maeterlinck l'indique : ils dorment. Cependant, ce sont déjà des cadavres jetés là. Tel est l'effet d'Allemonde, nul n'y échappe : on y vieillit, on s'y fane, on y meurt en se vidant de l'intérieur, comme Tintagiles derrière la porte. Mélisande s'en rend compte et c'est cela dont elle a peur.

Certaines mises en scène ont voulu voir, dans les trois vieillards de la grotte, Golaud, Geneviève et Arkël. L'intention concentre inutilement le drame sur les habitants du château ; c'est une trouvaille qui parasite le texte de la scène. A quoi bon souligner que ces trois personnages appartiennent aux vieilles murailles empoisonnées du château ? Toute la pièce le démontre. On perd ainsi la substance du royaume et de la misère qui s'y étend, autre menace pesant sur le couple des héros maudits (et que la suppression de la scène suivante, par Debussy, accentue déjà).

Scène IV

L'œuvre

Arkël sermonne Pelléas et lui démontre que son départ, à présent que Marcellus est mort, n'est pas envisageable, pour maintes raisons. L'état du père du jeune homme est critique ; la famine sévit ; la guerre menace. Pelléas est lassé de son oisiveté, ce voyage le changerait. Arkël lui conseille d'envisager les choses autrement : l'on peut attendre les occasions d'agir, certaines se présentent d'elles-mêmes, le vieil homme le lui apprendra. Cependant, si Pelléas y tient absolument, il peut partir, pourvu qu'il attende quelques jours encore, peut-être quelques semaines.

La lecture

Cette scène n'a pas été mise en scène par Debussy. Elle est assez brève et permet surtout d'appesantir le climat et d'insister sur les velléités continuelles de Pelléas, toujours taraudé par une envie de voyage, par le besoin de respirer un autre air, sans jamais se décider à franchir le pas. Arkël soliloque longuement, pompeusement, une nouvelle fois. *« Tout vous interdit ce voyage inutile »*, commence-t-il par affirmer pour couper court à toute contestation. Afin d'inciter le jeune homme à rester, il égrène les fléaux sévissant sur Allemonde et qui donneraient à tout être normal l'envie de fuir aussitôt. Il trouve inutile de visiter un tombeau alors que le père de Pelléas est moribond. Le vieil homme pontifie, emmêlé dans une philosophie emphatique, d'une cohérence douteuse. Ainsi, il l'admet, il ne voit plus clair, mais il lui apprendra à voir. Il pense permettre au jeune homme de mieux discerner les occasions d'activité et d'accomplissement du devoir dont il semble tellement impatient, comme si la visite du tombeau d'un ami n'était qu'un devoir.

Face au silence poli du jeune homme, Arkël semble s'adoucir à contrecoeur. Si *« c'est du fond de votre vie que ce voyage est exigé »,* il ne l'interdit pas. Quelle grandeur d'âme que cette générosité consentie de mauvaise grâce ! Mais, précise-t-il, il faut patienter encore. Pourquoi ? Il ne peut y avoir que deux raisons : la mort du roi ou la déclaration de la guerre, puisque les ennemis se réveillent. *« Il y a tant d'autres raisons »*, soupire-t-il cependant. Lesquelles ? Nous pouvons le déduire facilement : c'est encore Mélisande et la méfiance qu'elle inspire : il faut faire bloc face à elle pour rasséréner une cohésion familiale ébranlée.

Ainsi, il faut attendre, pour savoir *« ce qui doit arriver avant peu »*. Il s'agissait déjà d'attendre au début de la pièce, combien de temps a pu s'écouler ? Sûrement plus d'une semaine. Attendre quoi, au juste ? Le dénouement fatal, sans doute, dont tous ont une prescience plus ou moins claire. A l'instar des malheureux vieillards réfugiés dans la grotte à la scène précédente, il s'agit d'attendre sa mort et d'accepter son sort. Tous l'ont fait. Le personnage d'Ablamore, dans *Alladine et Palomides,* s'est longtemps cru sage parce que rien ne lui arrivait jamais et qu'il semblait *« détourner les évènements »*. Mais il a fini par comprendre que la passivité est nocive : *« Le malheur lui-même vaut mieux que le sommeil »*, *« il doit y avoir une vie plus active et plus haute que l'attente »*. Arkël n'en est pas là. Ni lui ni son entourage ne peuvent concevoir une autre attitude, encore moins la soif de liberté, de beauté, d'amour et de lumière. Pelléas, silencieux et soumis, écoute docilement et promet d'attendre.

ACTE III

Scène I

L'œuvre

Il fait sombre ; malgré l'obscurité, Mélisande file son rouet dans un appartement du château. Pelléas s'inquiète de la disparition d'Yniold, où donc est-il passé ? Golaud, parti à la chasse, n'est pas revenu non plus. Un petit coup est frappé à la porte, effrayant les jeunes gens. C'est Yniold, il semble bien fatigué à cette heure tardive. Il fond en larmes, prétend que Mélisande va partir, comme Golaud, et ne plus revenir ; il en est sûr, il a vu les jeunes gens se parler en secret. Pelléas tente de distraire l'enfant et lui fait voir, par la fenêtre, des cygnes se battant contre des chiens, tandis que Mélisande chante en filant. Yniold croit voir quelque chose à la fenêtre, sans doute tombe-t-il de sommeil, il doit déjà rêver. Golaud revient enfin de la chasse, son fils court à sa rencontre ; tous deux font irruption dans la pièce, dont le chasseur remarque aussitôt l'obscurité. Yniold apporte fièrement une lampe et la brandit devant les visages de Pelléas et de Mélisande : tous deux ont pleuré. Golaud prie son fils de ne pas leur mettre ainsi la lumière devant les yeux.

La lecture

Cette scène, pas plus que la précédente, ne figure dans le livret de Debussy. Celle-ci, particulièrement complexe et dense en symboles, apparente fortement *Pelléas et Mélisande* au premier théâtre de Maeterlinck. L'omniprésence de la mort, la perception de sa présence par des êtres innocents ou vulnérables, la prescience d'une fin prochaine se retrouvent là comme dans la *Petite trilogie de la mort*. Cette scène, en outre, gradue d'un cran supplémentaire l'intimité des deux jeunes gens, le poids de la fatalité, et voit naître, enfin, les soupçons de Golaud.

Mélisande file. Comme la broderie, la dentelle, la tapisserie et autres travaux d'aiguilles, le rouet est un attribut domestique typiquement féminin. Dans maintes compositions picturales, il est central, prenant parfois le pas sur le sujet, depuis le *Portrait de femme* de Maarten van Heemskerck (1498 – 1574) jusqu'à la *Marguerite au rouet* de Frank Cadogan Cowper (1877 - 1958). Dans une légende, Hercule, puni par Zeus, est vendu à la reine de Lydie, Omphale. Alors qu'elle s'approprie ses attributs virils (la massue et la peau du lion de Némée), il se vêt de sa robe et file le rouet à sa place, avachi et soumis corps et âme. Dans la *Belle au bois dormant* (chez Grimm[2] comme chez Perrault), le fuseau du rouet sera l'instrument du mauvais sort jeté sur la princesse et la précipitera pour cent ans dans un sommeil magique. Traditionnellement, la roue, circulaire, est rattachée à l'idée de perfection, mais la continuité de son mouvement suppose un travail en devenir, aussi évoque-t-elle également le périssable, la contingence, les cycles (un autre puissant attribut féminin). Dans la plupart des traditions, la roue est un symbole solaire et évoque fréquemment le déplacement dans l'espace, phénomène particulièrement adapté à Mélisande, toujours douée de double vue, et qui peut filer malgré l'obscurité.

La jeune femme chante *« Saint Michel et Saint Daniel »*. Dans la première version de l'œuvre, qui a servi de base à Debussy, Mélisande reprenait intégralement cette chanson dans la scène suivante. L'opéra en a d'ailleurs fait un moment immortel, où la soprano chante *a capella* en se coiffant, avant le retour de l'orchestre accompagnant Pelléas. Dans la version de 1902, la chanson de la scène I a déjà changé : c'est la cinquième des *Quinze chansons* qui la remplace. Les deux vers *« Saint Michel et Saint Daniel / Saint Michel et Saint Raphaël »* de cette première scène se trouvent donc orphelins, uniques, et ne reparaîtront pas dans la pièce.

---

2 *Dans la traduction de Natacha Rimasson-Fertin, la version de Grimm s'appelle* Rose d'épine.

Plus féminine que jamais, Mélisande se joue de rimes en « el » [3L] qui évoquent les « ailes » de ces saints. Plusieurs Daniel ont marqué la chrétienté. Parmi eux, Saint Daniel est l'un des prophètes de la Bible ; Daniel de Villers est un bienheureux qui vécut au IIe siècle dans le Brabant belge ; plusieurs furent martyres : Daniel de Padoue (1er siècle), Daniel de Césarée (IVe siècle) et Daniel de Tibériopolis (361). Saint Michel est l'un des archanges ; chef de la milice angélique, il terrasse le malin, représenté sous forme d'un dragon. C'est lui qui pèsera les âmes lors du jugement dernier. Saint Raphaël est un autre archange, compagnon de Michel comme de l'annonciateur Saint Gabriel. Tout comme Michel, il est aussi mentionné dans le Coran. La chanson de Mélisande est, d'une part, merveilleusement adaptée pour évoquer la dimension aérienne, céleste même, de ce personnage ; d'autre part, ce chant convie fort à propos des idées de martyr, de communication avec l'au-delà et de lutte contre le mal et la force brute, autant d'éléments fondateurs de l'œuvre.

Tout d'abord, Yniold effraye les jeunes gens en frappant un *« tout petit coup »* à la porte. Voici le retour du symbole de la porte, si souvent trop lourde ou impossible à ouvrir, chargée de chaînes ou de verrous, et dont la clé demeure un instrument récurrent du destin. Nous pensons aux coups frappés à la porte par le destin, dans la Ve symphonie de Beethoven : est-ce l'intrusion de la mort, du malheur, d'un messager de quelque mauvaise nouvelle ? Les deux jeunes gens, dans la torpeur et l'intimité de la pénombre dans laquelle ils goûtaient la quiétude de cette soirée, sont glacés par ce bruit : *« C'est comme si un malheur venait d'arriver »*, résume Pelléas. Chez Maeterlinck, tout bêtement, le malheur et la mort entrent par la porte, depuis *La Mort de Tintagiles* à *L'Intruse* en passant par *Princesse Maleine.* Tout cadenas est inutile.

Tout au long de la scène, Yniold semble confus, agité de craintes troubles qu'il ne parvient pas à formuler. *« Je l'ai vu »,* répète-t-il. Il a *« vu »* le départ de Golaud et de Mélisande, dont il a en réalité pressenti la mort prochaine. Il s'agit de *voyance*, non d'une *vue* ordinaire, encore moins d'une *vue* de l'esprit. L'enfant a regardé les deux jeunes gens se dire des choses qu'il ne pouvait *« pas entendre »*. Dans quel sens doit-on comprendre ce mot ? Ne pouvait-il pas les percevoir avec l'ouïe, ou ne pouvait-il les comprendre, étant trop jeune ? En tout cas, ils parlaient trop bas. L'enfant se demande s'il s'agissait d'un complot : on prépare un départ, il va rester seul. L'idée de l'abandon et de la solitude l'effraye. Peut-être un peu jaloux, aussi, d'être écarté de ces manigances, il se tracasse.

Les deux jeunes gens sont embarrassés, mettent cette confusion sur le compte de la fatigue, l'enfant a grand besoin de sommeil. Mélisande, pour rassurer Yniold, le lui affirme : il n'a jamais été question d'un départ quelconque ! En cela, elle oublie son échange avec Golaud, acte II, scène II, lorsqu'elle s'exclamait *« Je voudrais m'en aller, m'en aller !... »*, puis : *« Je voudrais m'en aller avec vous... »*. Déjà abandonné par son père parti chasser, Yniold ne veut pas se coucher le premier, de peur de se réveiller seul, le lendemain matin.

Pour distraire l'enfant de cette angoisse, Pelléas l'invite à venir regarder, à la fenêtre, des cygnes se battant contre des chiens (sûrement des chiens de chasse, puisque nous nous trouvons dans le château d'un chasseur). Incarnant la grâce et la majesté, le cygne a revêtu, notamment dans l'œuvre d'Andersen, la faculté d'incarner l'être humain (dans les *Cygnes sauvages,* ce sont sept frères). Cette idée se retrouve chez Pouchkine dans le *Conte du tsar Saltan,* devenu un opéra de Rimsky-Korsakov, *Sadko*. De même, dans le conte populaire allemand tiré d'un recueil de Johann Musäus (1735 - 1787), *L'Etang aux cygnes*, et qui a probablement fourni la base de l'argument du ballet de Tchaikovsky *Le Lac des Cygnes*. Chez Maeterlinck, l'arrivée de la mort, dans *L'Intruse*, effraye les cygnes. Dans la *Princesse Maleine,* présage funeste, un cygne mort et ensanglanté est aperçu dans la scène I du terrible acte V. Les cygnes des *Sept princesses* vont à la rencontre du prince qui, en éveillant six d'entre elles, permettra de constater la mort d'Ursule. Enfin, le cygne occupe une place importante dans les *Serres Chaudes.* Il s'agit, bien que cela ne soit jamais littéralement exprimé, de cygnes blancs, vecteurs de pureté. C'est avec l'écume des vagues qu'ils doivent se confondre, en errant sur la mer dans *Ame de Nuit.* Leur couleur immaculée, leur innocence permet de violents contrastes, que ce soit face à des corbeaux (*Cloches de verre*), des serpents (*Regards*), confrontés au poison d'un nid de ciguë (*Attouchements*) et à la souffrance (*Ame*). Ils atteignent une dimension sublime qui élargit l'âme et donne accès à la double vue : *« Et mon âme ouvre au vol des cygnes / les blanches ailes de mes yeux ».* (*Intentions*). L'opposition de deux mondes, l'élégiaque et le bestial, le matériel et le spirituel, le beau et le laid, est renforcée par le lieu de l'affrontement : l'eau.

Les exclamations d'Yniold brossent un tableau extrêmement synthétique et percutant de la scène en la réduisant à l'essentiel de sa symbolique : *« Oh ! Oh ! L'eau !... Les ailes !... Les ailes !... Ils ont peur... ».* Malgré cette économie de moyens frappante, tout est exprimé dans la vision que nous transmet l'enfant. On y trouve le danger que constitue la force brute de Golaud, incarnée par la férocité de ses chiens de chasse ; on y devine la crainte ressentie par les jeunes gens dans le noir : conscients peut-être de la tentation auxquels ils s'exposent, dans l'intimité de la pénombre, et du devoir qu'ils risquent d'enfreindre, mais aussi devinant probablement déjà, sans pouvoir encore le nommer, le destin tragique qui les attend.

Depuis la fenêtre, d'étranges signes sont visibles. Le *« quelque chose »* aperçu par Yniold est aussitôt démenti par Pelléas, qui, une fois de plus, se montre aveugle : *« Il n'y a rien. Je ne vois rien... ».* Le jeune homme se veut rationnel, rassurant ; il tâche de son mieux d'expliquer cette vision par la *« lune sur la forêt »* mais, il doit le reconnaître, il y a *« souvent d'étranges reflets »*. Ce qui est passé sur la route et qui paraît tellement inquiétant, c'est Golaud, semble-t-il. A moins que ce soit la mort en personne qu'ait distingué l'enfant ; la mort, qui pénètre dans le château et y installera ses appartements : plus tard, elle se fera entendre, on devinera sa présence, on l'entendra même parler *« derrière cette porte »* ; Debussy choisira d'ignorer cette présence de la mort au château : en superposant à ces mots le leitmotiv de Golaud, il prête au chasseur les bruits de conversation.

Pour le moment, Golaud rentre enfin, Yniold se précipite vers lui. Lorsque le père et le fils reviennent, armés d'une *« grande lumière »* que l'enfant brandit fièrement, Pelléas et Mélisande ont pleuré dans l'obscurité. Les larmes expriment la dimension noble, mais humaine des êtres : *« Les anges sont plus beaux, mais ils n'ont point de larmes »*, explique la Vierge à *Sœur Béatrice* dans l'acte II. Attendris dans l'intimité de la pénombre complice, les jeunes gens se sont abandonnés à l'émotion. Ils s'y sont adonnés, chacun de son côté, sans qu'aucun échange verbal compromettant n'ait été autorisé. C'eût été inutile : rien n'a été formulé mais tout a pu pleinement s'exprimer. Chez Maeterlinck, les larmes coulent souvent silencieusement, sans effort, avec douceur. Elles permettent mieux que les mots la communion des âmes. *« Si je ne comprends pas ce que tu dis, je comprendrai ce que tes larmes disent »,* affirme l'héroïne d'*Aglavaine et Sélysette* (acte II, scène II). Les pleurs sont aussi pleins de sagesse, plus lucides que nos esprits parce qu'ils proviennent du plus profond de nos âmes. *« Lorsqu'on est arrivé à la fin de sa vie, on a vu trop souvent qu'elles seules ont raison ; car [...] c'est souvent le destin qui parle à travers elles et c'est du fond de l'avenir qu'elles montent dans nos yeux »*, lit-on encore à la scène III, dans la bouche de la vieille et sage Méligrane.

L'obscurité protège Pelléas et Mélisande, conforte leur pudeur, les préserve de l'indiscrétion. Yniold, qui escorte son père, les désigne, les expose, les exhibe en mettant *« la lumière sous les yeux »* des jeunes gens. Il s'agit d'une intrusion violente, d'une véritable inquisition. *« Regarde »,* enjoint Yniold à son père, en désignant les larmes. Bientôt, à la scène V, c'est le père qui intimera cruellement ce même ordre à son fils. C'est ainsi que Maeterlinck tisse la paternité des deux protagonistes, faisant d'Yniold un futur chasseur, un prédateur en puissance. Père et fils sont deux alliés dont la paire complice va se renforcer par la suite. Golaud semble presque gêné de voir ainsi Pelléas et Mélisande crûment exposés à la lampe ; il prie l'enfant de cesser.

Scène II

L'œuvre

Nous sommes sur un chemin de ronde, sous une tour dont la fenêtre montre Mélisande peignant ses cheveux dénoués. Elle chante. Pelléas arrive, il confond la chevelure de la jeune femme avec un rayon de lumière. Il veut voir son amie ; elle se penche pour se montrer. Il veut prendre sa main mais elle la lui refuse si, comme il le prétend, il quitte le château le lendemain. Mélisande prétend apercevoir une rose, dans les jardins ; lui, qui ne voit rien, exige sa main pour l'embrasser. A force de se pencher, la jeune femme laisse dérouler sa chevelure dont le flot se répand sur Pelléas qui, frémissant d'admiration, veut le retenir pour garder toute la nuit Mélisande prisonnière. Cette dernière a peur de tomber, et quelqu'un pourrait les surprendre. Son inquiétude est à son comble lorsque ses colombes, effrayées par le jeune homme, s'enfuient, au risque de s'égarer dans la nuit et de ne plus revenir. Des pas résonnent, c'est sûrement Golaud. Les cheveux de Mélisande se sont pris dans les branches du saule et Pelléas n'a pas le temps de les dénouer. Le chasseur fait irruption et, d'un rire nerveux, ordonne aux jeunes gens de cesser ce jeu dans l'obscurité.

La lecture

Voici l'une des scènes les plus importantes de l'œuvre. Ici, la tension va monter d'un cran. Naïvement, Pelléas continue de jouer avec le feu de la séduction amoureuse ; Mélisande, effrayée par son audace, est beaucoup plus lucide sur la tournure de leur relation et sur les dangers qu'ils encourent.

Nous l'avons vu dans la scène précédente, la chanson originellement chantée par Mélisande a été changée au profit de celle des trois sœurs aveugles à la lampe d'or. Moins directement liée à la narration, elle n'en est pas moins riche en symboles dont beaucoup nous sont désormais familiers : les chiffres trois et sept, la cécité, la tour, la lampe, l'or. Les paroles demeurent énigmatiques à une lecture superficielle mais la fréquentation de l'univers symbolique de Maeterlinck éclaircit naturellement le texte. Ainsi, bien que non voyantes, les trois sœurs de la chanson sont munies de lumières et les *entendent.* Là encore, double vue, correspondance des sens, intuition de l'esprit. Les objets sont perceptibles par l'ouïe pour ceux qui ne voient pas : dans les *Aveugles,* l'un d'eux sait ainsi que les étoiles brillent dans la nuit. Les trois sœurs montent en haut d'une tour, attendre et espérer (on ne sait qui ni quoi : l'essentiel réside dans le climat d'attente, de frustration, de langueur et de ferveur que cela peut supposer). Elles croient entendre monter le roi (était-il bien l'être attendu ? Que ce soit lui ou non, arrive en tout cas l'autorité suprême, incarnation du pouvoir qui accède au sommet de l'édifice propice au passage d'une dimension à une autre). Le bruit entendu, finalement, ce n'était pas lui : les lampes se sont éteintes (la clairvoyance ou double vue disparaît et les sœurs demeurent seules, livrées à nouveau à leur languissante attente sans la consolation de leur extra lucidité). En tout état de cause, l'anecdote livrée par cette chanson importe peu ; une étrange correspondance relie tout de même les lampes allumées des sœurs, lorsqu'elles sont montées, et celle que Geneviève demandait à Pelléas de porter au sommet de la tour faisant face à la mer, pour rassurer Golaud, acte I, scène III. Dans les deux cas, il s'agit d'aveugles (au sens propre ou figuré), espérant en vain. Par ailleurs, la lumière d'une lampe est aisément soufflée, comme la vie de Mélisande avant peu.

« Holà ! Holà ! Ho ! » fait Pelléas pour attirer l'attention de la jeune femme. C'est *« Moi, moi et moi ! ».* Les trois sœurs de la chanson trouvent ainsi un écho dans ces deux séries de trois mots. Dans la première version du texte, cet équilibre existait déjà par la présence des trois saints : Michel, Daniel et Raphaël.

Pour la première fois, la chevelure de Mélisande resplendit, se libère et la sublime toute entière. Tour, cheveux interminables : deux emprunts évidents à *Raiponce*, de Grimm. De la fenêtre, nous n'apercevons vraisemblablement de Mélisande que sa tête, ses épaules et ses mains, mais toute la longueur du flot doré se répand généreusement depuis la fenêtre jusqu'au jeune homme. Lumière, flamme : une aura semble en rayonner. Les cheveux, substitués à Mélisande en partie masquée derrière la fenêtre, la remplacent toute entière, s'incarnent, deviennent *« tièdes »*, s'animent d'une vie organique propre : *« ils me fuient », « ils s'échappent », « tressaillent », « s'agitent », « palpitent ».* Ce sont des *« oiseaux »* venus du ciel, tout comme Mélisande, quelques instants avant cette métamorphose, chantait *« comme un oiseau qui n'est pas d'ici »*. Pelléas, sans pudeur, s'enivre, s'exhibe fièrement dans cette tendresse animale partagée avec ces beautés capillaires. Il prend la jeune femme à témoin : *« vois, vois », « regarde, regarde donc ».* Il lui reproche sans ambages : *« Ils m'aiment, ils m'aiment mille fois mieux que toi !... »* et la gronde paradoxalement de l'abandonner, tout en évoquant aussitôt le temps prochain où il n'y sera plus, parce qu'il sera parti... Volatile, inconstant, inconséquent Pelléas !

Il voulait *« au moins »* sa main, il aura toute sa chevelure. Les mains, les lèvres du jeune homme dispensent sans compter caresses, étreintes, baisers. Il enroule les mèches autour de son cou et les accroche aux branches du saule. Ces nœuds redoutables transforment alors la chevelure en corde, en chaîne. A l'acte III, scène III *d'Alladine et Palomides*, la jeune femme est livrée telle une esclave : *« Ses cheveux sont noués sur la bouche... Et ses mains sont liées sur le dos [...]. Elles sont liées à l'aide de ses cheveux ».* Le nœud, que l'on fait ou défait, est une idée fréquemment associée à la chevelure, dans l'œuvre théâtrale de Maeterlinck. (*Princesse Maleine,* acte IV, scène V, *Sept princesses, Joyzelle,* acte II, scène III, *Marie-Magdeleine*, acte III, scène IV).

Une fois de plus, la chevelure est tantôt liquide, tantôt feu : Maeterlinck écrit d'une part *« jaillir »*, *« inonder »*, *« ruisseler »*, *« ruisseau »*, *« flot »*, *« vapeur »*, *« gerbes »*, d'autre part *« flamme »*, *« éclairer »*, *« cendre »*. Si Pelléas n'a jamais vu une chevelure comparable, Méléandre, amoureux transi, l'avoue dans *Aglavaine et Sélysette* (acte I) : *« Je n'avais jamais vu de cheveux vivre ainsi »*.

« Je suis affreuse ainsi », dit Mélisande dans la première version de l'œuvre, lorsque Pelléas demande à la voir les cheveux dénoués. La réplique a été conservée par Debussy. Maeterlinck, pris de repentir, la trouva insupportable de coquetterie, de maniérisme, et la supprima rapidement. C'est que la jeune femme est en train *« d'arranger »* ses cheveux pour la nuit. C'est souvent ce mot qui désigne, chez Maeterlinck, le coiffage : depuis l'acte IV, scène V de *La Princesse Maleine à Marie-Magdeleine* (acte II, scène II) en passant par *Les Sept princesses*.

Parfois, les cheveux, véritables vampires, volent la vie afin de s'animer : la chevelure de la noyée, dans *Intérieur, « s'était élevée presque en cercle, au dessus de sa tête, et [...] tournoyait... »* : *« Ses cheveux ne voulaient pas m'obéir »*. Sans doute Mélisande le sent-elle : sa propre mort est annoncée par cette émancipation vitale, qui constitue une déperdition, une fuite, une hémorragie.

La chevelure de la jeune femme s'accroche aux branches d'un saule, arbre fortement connoté de chagrin et de douleur. En outre, Pelléas les y noue, créant un effet d'insistance. La plupart du temps, chez Maeterlinck, il s'agit, pour cet arbre, du saule pleureur, dont les branchages tombants évoquent aussi bien la chevelure humaine que le ruissellement des larmes. Le nom du saule pleureur, *babylonica*, lui fut donné à cause de l'exode des juifs à Babylone. Le psaume 137 de David précise que, mélancoliques, les captifs pleuraient ; ils accrochèrent leurs harpes aux branches du saule (sans les y nouer, mais l'idée d'un lien est bien présente). Le saule est également un attribut volontiers féminin ; Saint Bernard l'associait à la Vierge. Ce symbole est important chez Shakespeare, non seulement dans la romance d'*Othello,* chantée par Desdémone, mais aussi lors de la mort d'Ophélie, réfugiée sous cet arbre avant sa mort, dans *Hamlet.* Mélisande chante donc près du saule tout comme les deux héroïnes promises à la mort. Les saules de *La Princesse Maleine,* acte II, scène III, pleurent sur le visage de la princesse ; puis scène VI, les feuilles en tombent sur les mains de Hjalmar, qui y voit clairement un mauvais présage. Le vent les agite, acte IV, scène III, et en abat un sur l'étang, scène IV, annonçant la mort de Maleine. Dans *L'Oiseau bleu*, le saule est *« rabougri, échevelé, plaintif »* et menace de noyer impitoyablement les indésirables dans l'une de ses rivières. Bordant le lugubre canal, *« sombre »* et *« inflexible »* des *Sept princesses,* d'énormes saules sont plantés.

Mélisande s'interrompt un instant, distraite (séduite ? inquiétée ? troublée ?) à la vue d'une *« rose dans les ténèbres », « là-bas, dans le vert sombre ».* Cet instant de la pièce est particulièrement sensible et délicat à décrypter, car il laisse quelques questions sans réponse. En tout cas, Pelléas, tout à son adoration, ne voit pas cette rose, ne s'y intéresse pas, prétend qu'il ira voir plus tard, qu'il s'agit sûrement d'autre chose. Peu lui importe, visiblement, il refuse de se laisser distraire. Pourquoi Mélisande, elle, y prête-t-elle attention ? Est-elle indifférente aux transports du jeune homme ? S'ennuie-t-elle ? Est-elle absente, là aussi ? Voit-elle un symbole dans cette rose, un message, un avertissement ? Et cette fleur, est-elle rouge ? Alors, pourrait-elle ressembler à une tache de sang ? Est-ce une rose blanche, qui évoquerait plutôt une lumière, comme une lampe ? Dans un cas comme dans l'autre, nous resterions confortés par la symbolique de Maeterlinck. La rose est liée à l'aurore dans *Joyzelle*, acte IV, scène I. Nous la trouvons plusieurs fois, dans *Serres Chaude :* associée à la passion (*Serres d'ennui*), aux lys et aux palmes (*Reflets*). Elles construisent également des oppositions : des *« roses blanches dans les caves »* (*Amen*), *« des corbeaux au milieu des roses »* (*Visions*). Là encore, Pelléas aveugle ne discerne rien. Seule Mélisande voit éclore l'amour, dont la rose est l'un des symboles occidentaux les plus fréquents ; coupe de la vie ou de l'âme, elle exprime traditionnellement l'accomplissement et la perfection.

Une fois de plus, nous sommes plongés dans une obscurité dont Maeterlinck profite pour mieux faire résonner le texte, ses non-dits et son écho. La lune et les étoiles ne dissipent qu'à peine la pénombre, l'essentiel de la lumière semblant provenir de la chevelure de Mélisande. Les étoiles sont *« innombrables ce soir »* ; ce ne sont pas encore des étoiles filantes. Leur présence résonne parfois comme un avertissement : *« Quand elles seront là, ce sera plus terrible »,* entend-on dans *Aglavaine et Sélysette*, acte IV, scène III. Lorsqu'il s'agit d'ouvrir les portes de l'enclos des *Sept princesses,* les étoiles se mettent à scintiller. La pauvre Sélysette, en embrassant Méléandre, les voit en même temps *« dans le bleu des fenêtres ».* Elles éclairent d'ailleurs *« tout son lit »* (acte III, scène I). Alors qu'elle quitte le couvent et tombe dans le piège de Bellidor, *Sœur Béatrice* s'avance *« au-devant des étoiles »* qui l'attendent *« en tremblant sur le seuil »* (acte I). Méfiance cependant, car dans l'*Intruse,* il est dit que *« les étoiles, ça ne prouve rien ! ».*

La lune revient de façon obsessionnelle dans les *Serres Chaudes. « La Lune dont mon âme est pleine » :* résume ainsi *Chasses lasses* pour évoquer le poids mélancolique de cet astre. Le clair de lune est tout d'abord associé à des éléments renvoyant au sommeil ou à la fatigue : lassitude, ombre triste, ennui, tristesse monotone, rêves, source du rêve, songe, lenteur. Dans ce prolongement, il se trouve associé à des notions d'abolition, d'impossibilité, de frustration et de douleur : pâleur, sanglots, amertume, givre, portes closes, serpents. Plus subtilement encore, le clair de lune est l'écho de la couleur verte (la rose vue par Mélisande se trouvait elle aussi dans le *« vert sombre »*) ou, plus souvent, bleue, qui revêt toujours un caractère onirique, mélancolique, lointain et obscur (la grotte de l'acte II est emplie de *« ténèbres bleues ».*) Propice à la concentration, à la manière d'une lentille de microscope ou au verre d'une loupe, le clair de lune permet des examens attentifs dans les poèmes *Serre chaude* et *Cloches de Verre.* Enfin, il se trouve associé au gazon ou à l'herbe, forme végétative humble et monotone, et donc aux pâturages, aux troupeaux de moutons et aux brebis, dont nous aurons l'occasion de mieux découvrir la symbolique un peu plus loin. Bref, le clair de lune va ici devenir un complice, un moteur, le focalisateur des sentiments : l'inquiétude pour Mélisande, le désir pour Pelléas, le soupçon pour Golaud.

Les colombes de Mélisande s'enfuient. La mise en scène de Peter Stein nous offrait, à cet instant, le magnifique spectacle d'un véritable envol de deux oiseaux. L'on y a vu le symbole de l'innocence perdue, ce n'est pas tout à fait aussi simple. Il n'y a pas davantage de faute, ce soir-là, que près de la fontaine des aveugles ou dans l'obscurité de la chambre ; Pelléas s'adonne sans retenue à la volupté de la chevelure sans avoir encore conscience de ses sentiments coupables (il faudra pour cela attendre l'acte IV). Quant à Mélisande, clairvoyante, plus ou moins résignée à son sort, elle voit dans cette fuite un risque de non-retour, c'est-à-dire de mort. L'envol des colombes relève du massacre des innocents, de l'agneau pascal ou de l'*Agnus Dei.* Ainsi, les agneaux sont fréquemment exposés à des sorts funestes chez Maeterlinck dans le but d'évoquer le *fatum* : acte I, scène II, dans *Alladine et Palomides,* l'agneau chéri de la jeune femme est englouti dans les tourbillons du fossé sous le pont-levis. Cet animal, qui *« comprend tout ce qui arrive »,* incarnait la prescience d'Alladine ; il subit avant elle son propre destin. Mélisande, tout comme Sélysette, autre créature sacrifiée, possède des colombes ; celles de Sélysette resteront fidèles à son innocence : on a voulu les *« mettre ailleurs »* à l'acte I mais elles *« reviennent toujours »* (l'intrusion d'Aglavaine suppose aussi un déplacement de Sélysette).

Golaud surprend cette scène, tout comme Ablamore est témoin malgré lui du coupable baiser d'Alladine et de Palomides (échangé, lui aussi, sous une fenêtre). La didascalie précise que le chasseur rit *« nerveusement »*. Il est perturbé et ne sait comment réagir. Pour lui, définitivement, c'était le spectacle de trop.

Scène III

L'œuvre

Nous sommes dans les souterrains du château, constitués de vastes grottes sans fin. Un lac nauséabond stagne au fond d'un gouffre, empoisonnant tout l'édifice et menaçant sa stabilité (le bâtiment se lézarde déjà). Golaud, équipé d'une lanterne, y entraîne Pelléas. Ce dernier, impressionné par l'odeur de tombeau qui règne dans ces lieux, s'y sent très mal. Le chasseur lui montre le gouffre, explique qu'il faudrait faire murer la grotte, agite la lanterne pour éclairer les parois. Ils sortent en silence.

La lecture

Maeterlinck l'a déjà expliqué, il ne s'agit pas d'une scène où Golaud voudrait précipiter Pelléas dans le lac ou le terroriser par vengeance. Quelques metteurs en scène, soucieux de pimenter l'action par un nouveau suspense, ont cependant forcé le trait sur le caractère lugubre et inquiétant. Au disque, certains ingénieurs du son n'ont pas hésité à ajouter un écho pour densifier le fantastique. Quelques chanteurs, parfois, se mettent en transe. En fait, ainsi que l'a déclaré l'auteur, il s'agit tout simplement d'aller vérifier l'état des souterrains, il n'est donc pas utile d'aller jusqu'à ces excès.

Cette scène démontre combien la corruption d'Allemonde est organique, ne laissant aucun espoir de rémission. Tandis que Pelléas, physiquement, ne la supporte pas, Golaud projette une exploration complète des lieux ; il a déjà humé cette *« odeur de mort qui monte »*, en est devenu familier. Il aime à la retrouver, il veut absolument la respirer encore. Il le sait, *« personne n'aime à descendre jusqu'ici »* ; il est sûr d'y être tranquille, à l'abri des indésirables, d'y régner. Peut-être y a-t-il là une pointe de fanfaronnade : il est seul à pouvoir supporter l'endroit, lui, le robuste chasseur. Il se montre maître des lieux et de la situation. Ne projette-t-il pas de faire murer la grotte, n'a-t-il pas déjà longuement observé les lézardes ? Il s'apprête à régner : ce sera son château, il fait corps avec Allemonde. L'époque est révolue où il envisageait, si son remariage était condamné, de partir au loin et de ne jamais plus revenir (acte I, scène III). A présent, il est ici chez lui. Son père est moribond, peut-être Golaud va-t-il hériter du trône beaucoup plus tôt que prévu. L'exploration des souterrains est donc sa façon de faire le tour du propriétaire. Se retrouve-t-il dans ce bâtiment voué à la ruine ? Y voit-il une allégorie de son mariage, de son destin ? Quelle étrange parenté lui fait-elle aimer ce lieu maudit ?

Baignant dans une eau croupie pestilentielle, les murs se fissurent, sous l'effet du *« travail caché qu'on ne soupçonne pas »* de l'humidité et des infiltrations. Pelléas, jeune et sensible, éprouve bien des difficultés à respirer dans cet endroit inhospitalier et malsain, qui empoisonne tout le château et l'emplit de ce qu'Arkël appellera bientôt *« l'haleine de la mort »*. Manque d'air, vertige, obscurité, puanteur, les souterrains du château semblent bien refléter l'âme d'Allemonde. Il y a danger : de peur de voir tomber Pelléas, Golaud le conquérant lui demande non pas la main, mais le bras entier. C'est une déclinaison supplémentaire, grossie et amplifiée, du thème de la main tendue et refusée, image de l'impossibilité, de l'inaboutissement de la condition humaine.

Le château, dans *Alladine et Palomides,* est inextricable, obscur, démesuré ; lui aussi repose sur des grottes dont l'accès se fait par des portes fermées à clé. Alladine n'aime pas ce bâtiment et le déclare : il n'a pas été bâti pour elle, elle n'a pas été faite pour l'habiter. Une eau noire descend des montagnes et s'engouffre dans les fossés en tonnant, avant d'arriver dans la mer ; le grondement de l'eau est évoqué mais elle n'est ni croupie ni pestilentielle. Alentour, les forêts sont d'abord décrites comme attrayantes et fleuries, (acte II, scène II), puis le ciel est comparé aux *« voûtes d'une grotte, avec des arbres noirs que les tempêtes font mourir... »* (acte III, scène II). La grotte souterraine, lorsqu'elle est encore plongée dans l'obscurité, semble fabuleuse : *« grandes salles bleues », « piliers éclatants », « voûtes profondes »* ; elle paraît pleine de *« fleurs immobiles »,* de pierreries ; lorsque la lumière du jour pénètre l'endroit, cependant, *« le lac miraculeux devient terne et sinistre ; les pierreries s'éteignent [...], apparaissent les souillures et les débris décomposés. »* En d'autres termes, un lieu que seul le rêve peut magnifier par ses illusions, et que la dure réalité révèle dans toute l'étendue de son horreur.

Scène IV

L'œuvre

Le sortir des souterrains. Les deux frères en remontent enfin. C'est le seul moment de l'œuvre où, en un contraste violent, la lumière triomphe, car même la scène de la fontaine, à l'acte II, est ombragée par un impénétrable tilleul. Pelléas, soulagé de retrouver l'air libre, devient lyrique et s'enivre du vent frais, de la verdure fraîchement arrosée, des roses humides, des cloches de la tour ombrageant la terrasse et des enfants qui vont au bord de la mer se baigner. Les deux frères hésitent sur la mesure du temps passé dans les souterrains ; il a semblé bien long à Pelléas. La chaleur est intense ; l'on peut voir Geneviève et Mélisande à une fenêtre, à l'ombre. Golaud en profite pour dire, au sujet de la scène de la veille au soir (la fameuse scène « des cheveux »), qu'il ne veut pas la voir se renouveler. Mélisande, jeune et émotive, doit être ménagée en raison d'une probable et imminente grossesse. Golaud peut le concevoir, il s'agit sûrement là d'enfantillages, mais il l'avoue, plusieurs fois déjà, il s'est dit qu'il *« pourrait y avoir quelque chose »* entre les jeunes gens. Pelléas, plus âgé que la jeune femme, doit se montrer adulte et cesser de côtoyer trop souvent Mélisande, *« sans affection, d'ailleurs »,* précise le chasseur pour atténuer ses propos. Peut-être pour ne pas s'appesantir davantage sur une conversation délicate, il change de sujet et demande ce qu'il aperçoit sur la route longeant la forêt. Ce sont des troupeaux. Golaud s'apitoie brièvement, car les animaux *« pleurent »* et paraissent déjà sentir le boucher. Mais il est réjoui : il fait beau, un temps idéal pour la moisson.

La lecture

Dans l'œuvre de Debussy, la sortie des souterrains est une véritable pièce d'anthologie orchestrale. Aux bassons rampants sur des palpitations de timbales, aux altos, violoncelles et contrebasses divisés tissant une gaze sombre, il fait succéder des paillettes aiguës de bois, de cordes, des tintements de glockenspiel, des irisations de harpe, des traits lumineux de trompettes et un roulement de cymbale suspendue. Dans le texte de la pièce, le soulagement de Pelléas est palpable ; il revient sur l'air *« humide et lourd comme une rosée de plomb »* et sur les *« ténèbres épaisses comme une pâte empoisonnée »* des souterrains qu'il vient de quitter. N'en pouvant plus de respirer à nouveau, il résume triomphalement : *« et maintenant, tout l'air de toute la mer ! ».* Il est amusant de constater que ce contraste, si efficace dans sa simplicité, se retrouve dans *Alladine et Palomides*, acte III, scène II, lorsqu'Ablamore ouvre la fenêtre de la chambre obscure où Alladine est liée et séquestrée. Après la pénombre, digne d'un tombeau, il ouvre les volets et laisse pénétrer *« toute la lumière du ciel et du soleil ! »*, dévoilant une marine exquise. Ablamore, à cet instant, semble empli de mansuétude et de bonté ; il invite Alladine et Palomides à admirer ce paradis. Dès la scène suivante, il aura cependant accompli son forfait et tenté de tuer les deux amoureux en les précipitant dans les *« vastes grottes souterraines ».* Cette œuvre est donc, en cet endroit, construite à rebours de *Pelléas et Mélisande,* où la clarté succède à la grotte.

Les deux frères chicanent au sujet de l'heure qu'il était lorsqu'ils sont descendus dans la grotte. Onze heures ? Non, plus tôt, dix heures et demie ! Admettons, dix heures et demie ou, allons, onze heures moins le quart… Ces futilités démontrent à quel point ils n'ont vraiment rien à se dire. Ils ne sont plus à l'aise ensemble, ni l'un ni l'autre. Golaud, confortable partout dans Allemonde, n'a pas trouvé le temps long dans les souterrains. Pelléas, après avoir manqué de s'évanouir, se réjouit à la perspective d'une journée de forte chaleur. Ira-t-il de réfugier près de la fontaine, comme lorsque *« il fait trop chaud dans les jardins ? »* (acte II, scène I). Golaud se moque bien du beau temps. Il profite de l'instant pour s'expliquer sur Mélisande.

Le chasseur, frappé par la fragilité de la jeune femme dès leur rencontre, n'a jamais osé la questionner sur ses origines, de peur des sanglots, débordants et irrépressibles, de Mélisande. Aussi redoute-t-il pour elle *« la moindre émotion ».* Golaud le conçoit donc, sa femme pourrait bien être *émue* par Pelléas : le mot n'est pas choisi au hasard. Celle qu'il a d'abord prise, à l'acte I, pour une *« petite fille »,* est désormais *« à peine femme ».* Il attend une paternité, logique après une union : à aucun moment, Golaud n'imagine autre chose que le cours logique de l'existence. Son avenir est limpide et très simple, tout tracé devant lui : il règnera à Allemonde, ses héritiers après lui. Comment pourrait-il concevoir autre chose ? Cette rivalité inattendue avec son frère doit le surprendre autant qu'elle le dérange mais il commence à oser y croire, à l'envisager sérieusement, elle est possible. Pour l'heure, il tâche encore de se raisonner, de n'y voir que des jeux d'enfants ; il écarte cette éventualité, trop dérangeante, trop lourde de conséquences. Il ne veut d'ailleurs pas dévoiler toute l'étendue de son inquiétude et rassure même Pelléas, *« sans affectation, d'ailleurs ».* Mal à l'aise, contrarié peut-être d'avoir à formuler un reproche à son frère, il se hâte ensuite de changer de sujet. Cependant, malgré lui, de quoi parle-t-il à présent ? Il évoque le sort des bêtes que l'on mène à l'abattoir. Il disait de Pelléas et de Mélisande, à la scène II : *« quels enfants ! »,* et voilà qu'il compare à des enfants les animaux promis au boucher. Mais c'est une belle journée ; Pelléas songe à la chaleur, Golaud, toujours pragmatique, à la moisson.

Scène V

L'œuvre

Un soir, Golaud et Yniold se promènent devant le château et s'asseyent, pour regarder la forêt, sous les fenêtres de Mélisande. Tout en apercevant l'activité qui se déroule devant eux (un homme traversant le jardin avec une lanterne, un loup passant dans la forêt, des pauvres autour d'un petit feu, un jardinier qui ne parvient pas à redresser un arbre tombé en travers du chemin), ils discutent. Golaud questionne son fils, de façon de plus en plus insistante, au sujet de Pelléas et de Mélisande. Le chasseur se sent seul et trouve que tout le monde l'abandonne, même Yniold, toujours avec la jeune femme, qu'il a surnommée *« petite mère »*. Golaud, prêchant peut-être le faux pour connaître le vrai, tente de savoir si les jeunes gens se querellent, et à propos de quoi. L'enfant ne répond pas avec précision : c'est à cause de la porte (elle ne peut pas être ouverte), ou à cause de la lumière (ils pleurent dans la pénombre, tout comme l'enfant, qui a sûrement peur du noir). Face à ces réponses puériles, Golaud s'impatiente, Yniold doit apprendre à parler comme un adulte ! Déjà il l'effraye, doit le saisir par le bras, lui fait mal sans le vouloir. L'enfant pleure ; son père, pour le consoler, lui promet un carquois et des flèches, de *« très grandes flèches »* comme celles des adultes. L'interrogatoire reprend aussitôt. De quoi parlent les jeunes gens ? *« De moi »,* répond fièrement Yniold, à qui l'on a prédit une très grande taille, à l'âge adulte. Parlent-ils du chasseur ? Bien sûr, pour dire qu'Yniold sera aussi grand que lui, en son temps. Golaud se désespère, il a conscience de son impuissance à savoir la vérité. Il tente de se contenir, prend sur lui, s'applique à reprendre la conversation. Le chasseur veut savoir si l'enfant est toujours près d'eux, exerçant ainsi, à l'insu de tous, une forme de surveillance. Yniold affirme que les jeunes gens, sans lui, ont peur, ce qui intrigue son père, une nouvelle fois frustré de ne rien pouvoir découvrir de concret au sujet d'une liaison adultère. L'enfant révèle bien peu de choses : Mélisande est pâle, les jeunes gens rient mais sont malheureux.

Golaud veut savoir s'ils s'embrassent, puisque apparemment, ils s'entendent bien. L'enfant dit oui et montre comment, en embrassant son père sur la bouche ; cela l'amuse, à cause de la barbe grisonnante qui le pique. Une lumière se répand alors : dans sa chambre, Mélisande a allumé sa lampe. L'enfant voudrait aller dans la clarté, Golaud préfère demeurer dans l'ombre, à réfléchir encore. Il se dit que son frère est fou. Yniold n'est pas de cet avis, il le trouve très bon.

Le chasseur a alors une idée : il va hisser l'enfant jusqu'à la fenêtre de la chambre de Mélisande, ainsi l'enfant lui dira ce qui s'y passe. Il suffit de donner un air de jeu à cette manigance, tout en recommandant à l'enfant de ne pas se montrer, de peur de trahir Golaud et d'effrayer la jeune femme. Ainsi haussé, l'enfant voit les deux jeunes gens réunis. Golaud en sursaute, il fait encore mal à Yniold en le serrant trop fort. Le chasseur veut savoir si les jeunes gens sont près du lit, s'ils se parlent, s'ils se font des signes, s'ils se trouvent l'un près de l'autre. Pelléas et Mélisande attendent, debout contre le mur, regardant silencieusement la lumière sans jamais fermer les yeux. Les questions de Golaud se font de plus en plus brutales, il doit maîtriser de moins en moins sa nervosité car l'enfant est pris de panique et menace de crier si l'on ne le descend pas aussitôt. Golaud s'exécute et l'entraîne ailleurs.

La lecture

Quelle terrible scène ! Le vers est dans le fruit, Golaud est rongé de l'intérieur par une jalousie dévastatrice et maladive. Il s'évertue à traiter son fils en adulte, afin d'en obtenir davantage d'indices en flattant son amour-propre. C'est peine perdue. L'enfant est trop petit, tout n'est qu'un jeu pour lui, il ne saisit pas où son père veut en venir. Il rit, il pleure, il fanfaronne, il met sa main dans la bouche, il s'amuse. Le chasseur devient violent, commence malgré lui à maltraiter son fils pour lui arracher les réponses ; il perd le contrôle de ses émotions : *« Réponds-moi à la fin ! »,* puis : *« Tais-toi ! »,* s'écrie-t-il sans ménagement. A six reprises, il laisse échapper des *« voyons »* impatients. Et il souffle les réponses malgré lui : *« N'est-ce pas ? », « Est-ce vrai ? » « Non ? ».* Il donne des ordres de plus en plus péremptoires, répète : *« Regarde ! »* quatre fois, avec rage. Parfois, il s'oublie, parle pour lui-même, supplie, prie : *« Patience, Mon Dieu... ».* Il tente de se raisonner : *« On ne sait pas encore... ».* Sa confusion augmente, il ne répond plus que par des *« ah »,* des *« ah ! ah ! »* vagues. Il se perd dans sa propre obsession. Il doit fournir un effort pour s'en distraire et manipuler Yniold afin de lui arracher la preuve qu'il redoute cependant d'obtenir ; il met tout en œuvre pour la trouver, avec ce masochisme des jaloux.

Ses efforts sont voués à l'échec car il est plus que douteux que les jeunes gens aient échangé autre chose qu'un baiser, un jour, sous la pluie. Des baisers de cette sorte, on en échange avec innocence dans *Aglavaine et Sélysette,* dans *Joyzelle,* dans *Ariane et Barbe-Bleue.* Ils n'ont pas même de signification sexuelle (tout au plus sont-ils sensuels) et se rapprochent parfois d'une communion mystique. Mais Golaud ne s'intéresse pas à une éventuelle histoire d'amour entre les deux jeunes gens ; les sentiments ne l'effleurent pas. Seul, le sexe l'intéresse : le lit, les baisers, dont il veut tout savoir. Là seulement réside le crime : Mélisande lui appartient, il revendique l'exclusivité de son corps. Il ne peut pas s'imaginer de sentiments, tissés entre elle et Pelléas, il ne songe qu'à la relation physique. L'amour est beaucoup plus rudimentaire dans son esprit qu'une relation née autour de la fontaine des aveugles : c'est l'union de deux corps et la procréation.

Golaud ne peut donc compter sur personne pour le renseigner. Avec une grande justesse, dans ce pays de la cécité, il se compare à *« un aveugle cherchant son trésor au fond de l'océan »* et à *« un nouveau-né perdu dans la forêt »*, reprenant sans y songer l'image de la petite fille qu'il a cru rencontrer à l'acte I. *« Et vous... »,* s'exclame-t-il, à l'adresse de son frère et de sa femme, comme s'ils étaient présents. Golaud perd son calme et sa lucidité. Toute honte bue, il fait de son fils le complice d'un voyeurisme jaloux. Il l'achète en lui promettant un carquois et des flèches.

Le fils et le père ont ce trait commun de la chasse. Comme tous les enfants du monde, cet enfant-ci veut ressembler à son papa : la perspective de devenir lui aussi un géant le ravit. Bon sang ne saurait mentir ! Yniold sera le même prédateur que son père. Pour être l'intime des jeunes gens, Yniold n'est sans doute pas leur allié : il n'a pas le même sang. Très sûr de lui, il affirme même les rassurer par sa seule présence. Tout fier de focaliser l'intérêt de tous, il livre fièrement de nombreux détails de ce qu'il a vu. D'ailleurs, n'a-t-il pas hésité à brandir la lampe sous le visage des jeunes gens, pour éclairer les larmes de Pelléas et de Mélisande afin de mieux les dénoncer à Golaud, à l'acte III, scène I ?

Pendant le déroulement de cet interrogatoire, la vie suit son cours à Allemonde. Tout d'abord, trouant les ténèbres, une lanterne dans le jardin ; un peu plus tard, le loup, ce prédateur terrible, que Golaud chasse peut-être. Ensuite, quelques-uns des pauvres peuplant Allemonde : ils tâchent d'allumer un petit feu, après la pluie : une deuxième lumière, sûrement fragile et vacillante au milieu de l'humidité, dans la pénombre. Enfin, cet arbre terrassé, soufflé par l'une des tempêtes sévissant sur l'île ; il barre la route, symbolisant clairement l'impossibilité, l'impasse. Le jardinier ne parviendra ni à le soulever, ni à le déplacer. L'arbre est *« trop lourd »*. L'idée du poids reviendra plus loin dans la pièce, mais elle a déjà été exprimée à la scène II de l'acte II, lorsque le cheval de Golaud, emballé, lui est tombé dessus : *« Je croyais avoir toute la forêt sur la poitrine »*. Ce poids écrasant, broyant sans pitié, est celui du destin que rien ne fléchit, démontrant avec éclat l'impuissance de la volonté humaine. Entrevues furtives de lueurs, dangers qui se profilent, férocité, misère, impossibilité, impuissance, blocage, fatalité, destruction : Allemonde, ici aperçue par le père et par son fils, reflète tous les sentiments, toutes les idées, tous les états par lesquels passe Golaud.

Lorsque Mélisande allume sa lampe, Golaud déclare : *« Il commence à faire clair »*. Mais il ne s'agit pas du jour qui se lève, puisque Mélisande est censée réciter ses prières du soir. Il parle de la certitude qui s'installe dans son esprit, cette conviction qu'il y a bien eu péché entre les jeunes gens.

Pelléas et Mélisande, nous apprend Yniold, sont debout contre le mur, regardant fixement la lumière et pleurant. Cette contemplation, propice à l'intime communion des âmes, échappe à Golaud l'actif, qui s'impatiente et s'écrie, irrité de ne pas comprendre : *« Il faut bien qu'ils fassent quelque chose »*. Dans la scène I de l'acte III, les jeunes gens pleuraient dans l'obscurité : à présent, même la lumière ne peut tarir leurs larmes. Et l'image des enfants qui pleurent a été utilisée par Golaud pour désigner les troupeaux que l'on destine au boucher. Pleurer ensemble est une forme de parfaite communion ; rire en est une autre. Yniold l'a dit, il les voit parfois rire, bien qu'il les sache malheureux. Joie ou tristesse, en toute circonstance, ils semblent faits l'un pour l'autre et n'ont plus même besoin des mots pour s'exprimer ou communiquer. De la même manière, Alladine, craignant d'être moins aimée de Palomides, lui dit : *« Tu ne ris pas lorsque je ris. Tu ne pleures pas lorsque je pleure »*.

La violence de Golaud devient débordante. Il s'aveugle de rage, perd son sang-froid, se révèle dans sa bestialité. Il a franchi un point de non-retour et la menace qu'il constitue est désormais évidente. Il souffre et n'est plus capable d'un autre sentiment ; la jalousie le consume, le torture, l'enivre, le rend fou. L'issue est désormais palpable.

« Viens ; nous allons voir ce qui est arrivé », s'écrie Golaud en entraînant Yniold terrifié. Veut-il savoir si une raison quelconque explique les larmes des jeunes gens ? Use-t-il simplement de ce prétexte pour mettre un terme à cette voyeuse et brutale machination ? Redoute-t-il d'être surpris par un cri d'Yniold ? L'impatience et la nervosité, dans tous les cas, sont avérées.

ACTE IV

Scène I

L'œuvre

Nous sommes dans un corridor dans le château. Les jeunes gens se croisent ; Pelléas a quelque chose à dire à Mélisande, il veut la voir. Son père va mieux, parle à nouveau, recouvre peu à peu sa lucidité. Voyant son fils, il lui a trouvé la mine de quelqu'un qui ne vivra pas longtemps. Il lui conseille de voyager. Pelléas est rassuré car il avait un pressentiment et redoutait un drame avant la fin de la journée. Il partira donc. Tout le château semble revivre, le silence y est moins pesant. Quelqu'un parle derrière une porte, ce sont des étrangers arrivés le matin même au château. De peur, peut-être, d'être surpris en présence de Mélisande, Pelléas lui fixe en hâte rendez-vous le soir même, près de la fontaine des aveugles, pour lui faire ses adieux, ce que ne comprend pas la jeune femme troublée. Le jeune homme est tout à la joie de son départ, pour une destination lointaine. Ils sortent séparément.

La lecture

Très brève, cette scène se déroule dans l'urgence de la clandestinité. Pelléas est heureux. Son père va mieux, sa mère pleure de joie, le château revit : à nouveau, des bruits y résonnent, des fenêtres ont été grandes ouvertes dans la chambre du malade, que l'on trouve presque épanoui, comme revenu de l'au-delà, car ses mots ont retrouvé un sens et *« ses idées ne viennent plus toutes de l'autre monde... »*. Pelléas juge providentiel que son père lui-même ait conseillé les voyages. Le jeune homme, il est vrai, en rêvait depuis longtemps, d'abord pour rendre une dernière visite à son ami Marcellus, ensuite pour se recueillir sur son tombeau ; à chaque fois, l'on en avait empêché. Et voilà que, cette fois, on l'y enjoint ! Le jeune homme semble vivre cette journée comme une délivrance et une promesse d'avenir. Il a décidé de partir *« très loin », « si loin »* que Mélisande n'est pas près de le revoir. Sa joie est si grande, dit-il, qu'il a *« tout le poids du ciel et de la terre sur le corps ».* Encore le symbole du poids écrasant : après le cheval trop lourd et l'arbre trop lourd, cette joie écrasante pourrait bien dissimuler une terrible angoisse, plus profonde. Pelléas éprouvait, le matin même, un sombre pressentiment. Il avait ce *« bruit de malheur dans les oreilles ».* Le rétablissement de son père, qui n'est pas complet mais semble bien amorcé, semble faire au jeune homme l'effet d'un véritable choc. Le malade est revenu parmi les vivants et annonce à son fils qu'il ressemble à un être voué à une mort prématurée, avec ce visage *« grave et amical de ceux qui ne vivront pas longtemps ».*

La gravité est un thème profond chez Maeterlinck. Ce mot possède assez de flou pour se prêter aux interprétations les plus variées ; s'agit-il de la solennité ou de l'intensité ? Des deux à la fois, peut-être, mais jusqu'à quel point est-il tragique ou sombre ? Des événements nombreux peuvent être solennels sans être terribles. L'œuvre théâtrale de Maeterlinck nous renvoie, en la gravité, à des notions de danger imminent, de présage funeste, d'acte définitif. Dans leur prison mortuaire, à l'acte IV, scène I, *Alladine et Palomides* s'embrassent *« gravement »* ; dans l'attente du danger, à l'acte II de *La Mort de Tintagiles*, Aglovale dort *« très gravement »* ; le premier aveugle, dans *Les Aveugles*, a pressenti le danger en entendant leur guide sourire *« trop gravement ».* Quant à Jésus, il a semblé *« choisir gravement » Marie-Magdeleine* à l'acte II, scène I. La gravité est empreinte de la solennité de la mort, elle s'adresse à l'âme, et donc à l'au-delà. Elle est un symptôme, un stigmate du destin.

Le père de Pelléas sent-il que le poison réside dans Allemonde ? En lui conseillant de fuir, il l'incite à s'échapper de l'étau dans lequel le jeune homme se trouve pris à son insu, malgré sa confuse intuition. Le roi malade trouve à son fils le visage amical de ceux qui vivent peu, comme si la paix de l'au-delà se reflétait déjà dans ses yeux. Il n'est revenu d'entre les morts que pour annoncer un décès, en quelque sorte.

Une phrase n'existe pas dans le livret de Debussy, celle qui explique que des étrangers sont arrivés dans le château. Une première fois, Pelléas déclare qu'il entend parler derrière une porte et qu'il faut se hâter de fixer un rendez-vous. Debussy introduit là le thème musical de Golaud. Dans la version de 1902, une deuxième phrase nous apprend que les bruits entendus sont ceux des *« étrangers »*. Qui sont-ils ? Comment ne pas songer à l'irruption survenant dans *L'Intruse,* où la mort en personne pénètre dans les lieux ? Nous ne saurons pas qui sont ces mystérieux personnages. Ils se font entendre derrière une porte ; là encore, le symbole de la fente, non formulé, paraît s'inviter, puisque tout se pratique par la médiation d'une fente, lorsque la porte est close : l'on distingue de la lumière, l'on respire de l'air frais, l'on se parle *(voir page 41)*. Cette réalité est logique puisque, comme nous le savons à présent, la porte, liée aux clés et aux cadenas que nous avons déjà évoqués, demeure toujours difficile à fermer, à condamner ou à ouvrir.

Mélisande est désemparée. Elle dit ne plus rien comprendre aux récits de Pelléas. Eux qui communiaient sans même avoir besoin des mots, voilà qu'il agit comme s'il ignorait l'amour de la jeune femme. Encore une fois, elle a vu clair avant lui, elle connaît leurs sentiments depuis bien longtemps. Lui n'a encore conscience que des libertés prises avec les usages et la bienséance, du manque de respect des convenances. Aussi envisage-t-il son départ avec légèreté, malgré le poids écrasant qu'il ressent et qu'il prend pour de la joie. *« Je te verrai toujours »,* lui dit-elle, mais elle se reprend et corrige aussitôt

« je te regarderai toujours ». Car Mélisande voit habituellement bien des choses par l'esprit, sans avoir besoin d'ouvrir les paupières ; en se corrigeant ainsi, en un poétique effet d'insistance, elle désigne la véritable vision, celle des yeux, qui suppose qu'un objet soit suffisamment rapproché pour pouvoir être observé. Elle n'entend pas que Pelléas s'éloigne. Elle ne croit même pas cela possible, aussi est-elle plongée dans l'incompréhension, voire la douleur, de sentir l'être aimé toujours prêt à fuir et à s'éloigner d'elle.

On pourrait les surprendre, une fois de plus : il leur faut faire vite et fixer ce rendez-vous. *« Va-t'en, séparons-nous », « Allons-nous-en »,* enjoint Pelléas. Dans sa bouche, les mots d'adieux se multiplient. Le jeune homme n'a pas toujours été si prudent.

Scène II

L'œuvre

Arkël et Mélisande sont ensemble. Le vieil homme, soulagé de la guérison du père de Pelléas, parle longuement. La jeune femme l'écoute silencieusement. Il le rappelle : depuis l'arrivée de Mélisande, ce ne furent que chuchotements autour du malade. Il avoue avoir pris la nouvelle venue en pitié, en s'apercevant du brusque changement de son visage lorsqu'elle a pénétré dans les lieux. Du fait de cette métamorphose, il la trouvait étrange, comme si elle guettait un malheur ; il la plaignait de vivre ainsi dans un monde sans cesse étouffé par la mort. Qu'importe ! Il croit dans le pouvoir de la jeunesse et de la beauté, capables de susciter alentour un regain de clarté et des évènements à leur image. Sans doute est-ce grâce à elle qu'une période plus heureuse va enfin commencer. Tout en s'étonnant du silence de Mélisande, demeurant les yeux baissés, il demande à l'embrasser : il ne l'a encore fait que pour lui souhaiter la bienvenue, lorsqu'elle est arrivée et, explique-t-il, le contact de la jeunesse et de la beauté est parfois nécessaire aux vieillards, pour dissiper les ombres de la mort un instant. Il l'avoue, il a éprouvé de la peine à la voir ainsi. Mélisande lui répond enfin, pour préciser qu'elle n'était pas malheureuse ; plutôt malheureuse sans le savoir, nuance Arkël en la regardant attentivement, comme pour se ressourcer à sa jeunesse et à sa beauté.

Golaud fait irruption dans la pièce pour annoncer le départ de Pelléas, prévu le soir même. Ayant traversé des broussailles, il a le front ensanglanté. Mélisande propose de le soigner mais il la repousse brutalement : il est venu chercher son épée, non pour lui parler. L'arme est sur le prie-Dieu. Golaud charge la jeune femme de la lui apporter. Tout en annonçant qu'un cadavre de pauvre a encore été trouvé, il s'agace de constater la peur de Mélisande lui remettant l'épée : il ne va pas la tuer mais regarder la lame. Il se sent observé et la provoque : que signifie ce regard ? Veut-elle le scruter ? Et lui, ne peut-il le faire ? Aurait-elle quelque chose à cacher ? Et ces grands yeux, que cachent-ils ? Arkël n'y voit qu'une grande innocence, ce qui scandalise Golaud. Il répète rageusement cette expression en ironisant : Mélisande, il l'a vue à l'œuvre, est tout sauf innocente, s'exclame-t-il. Il commence à perdre son sang-froid, ordonne qu'elle ferme ses yeux, sans quoi il les lui fermera pour longtemps. Mélisande ne peut plus dissimuler sa terreur. Golaud s'en amuse, quoi, croit-elle qu'il va la tuer ? Croit-elle qu'il a quelque chose à dire ? Il lui prend une main qu'il trouve chaude et répugnante, la repousse aussitôt. C'en est trop, la jeune femme veut s'enfuir ; il la saisit alors par les cheveux, qu'il trouve enfin utiles à quelque chose, exigeant d'être suivi à genoux. Il la secoue en riant, ivre de colère. Arkël finit enfin par l'interrompre. Golaud semble se calmer brusquement. Il profère des menaces à peine voilées : ils peuvent agir comme bon leur semble ; le chasseur est trop vieux pour s'amuser à jouer les espions. Le hasard finira bien par les trahir, alors Golaud agira comme le veut l'usage, tout simplement. Il sort. Arkël ne comprend pas ce qui arrive à son petit-fils ; Mélisande le lui explique : il ne l'aime plus. Elle n'est pas heureuse. Arkël déclare : *« Si j'étais Dieu, j'aurais pitié du cœur des hommes ».*

La lecture

Cette scène, une deuxième « scène des cheveux » en négatif, est l'un des points culminants de l'œuvre. Il n'y a plus aucune ambiguïté sur les intentions de Golaud, il commence à dévoiler toute l'étendue de sa sauvagerie et de sa rage : elles surpassent, en cet instant, sa douleur et sa détresse. Il entre sur scène, ensanglanté. Il est passé au travers des épines comme Mélisande l'a fait dans la forêt, mais ce ne sont pas ses habits qui sont déchirés. Ce chasseur est marqué par le sang de manière indélébile. L'œuvre ne débute-t-elle pas par l'impossible nettoyage d'une probable tache de sang ? Dans l'acte I, à la scène II, Golaud avait blessé un animal et suivait des traces de sang ; elles l'avaient conduit à Mélisande. Acte II, scène II, après son accident de cheval, Golaud saignait. Tout d'abord, il avait taché son oreiller, en saignant *« de la bouche »* et avait pensé saigner encore un peu ; il avait d'ailleurs précisé être fait *« au fer et au sang »*. Cette fois, c'est son front qui saigne, inondant son visage et le défigurant. Son cœur aussi doit saigner, tenaillé par cette jalousie dévastatrice, comme un acide, qu'il ne parvient pas à raisonner. Il annonce la mort de faim d'un paysan, au bord de la mer. *« On dirait qu'ils tiennent tous à mourir sous nos yeux »,* précise-t-il comme s'il parlait de rats crevés. Ces pauvres sont ses futurs sujets. Or, il prépare son règne ; il pense aux réparations du château, il est déjà prêt à assumer ce rôle. Ce cynisme cruel lui sert donc d'excitation à la violence.

Mélisande n'est dupe de rien. Elle écoute docilement les aveuglements d'un Arkël s'imaginant le commencement, longuement espéré, d'une ère de paix et de bonheur. Pour elle, rétrospectivement, l'arrivée dans Allemonde était une époque bénie, car Golaud l'aimait. *« Je n'étais pas malheureuse »*, résume-t-elle, avant de conclure à la fin de la scène qu'elle n'est *« pas heureuse »*. Inscrite en creux dans Allemonde, Mélisande en vient à tout formuler en négatif. Quelle touchante lucidité, quelle simplicité désarmante que son soupir : *« Il ne m'aime plus »* ! Sans doute n'est-ce pas exact, mais la véritable jalousie finit par rendre sadiques les êtres les plus amoureux. En tout cas, nulle trace d'amour dans l'humiliation infligée en présence du vieillard.

Arkël se sent très âgé, aux portes de la mort. La jeunesse et la beauté lui font l'effet d'un bain de jouvence. Il a remarqué ce qu'a ressenti Mélisande en arrivant à Allemonde, il avoue ne pas avoir très bien su la cerner, il ne la comprenait pas. Il hésite, ignore s'il l'a plutôt trouvée *« insouciante peut-être »* ou *« malheureuse sans le savoir »*. Son air *« étrange et égaré »* lui évoque un individu qui attendrait sereinement un drame, dans un endroit pimpant et lumineux. Une créature entre deux dimensions, n'appartenant à aucune réalité, en somme. Pelléas n'était pas loin de partager cet avis, acte III, scène II, en lui trouvant l'air d'un *« oiseau qui n'est pas d'ici ».* Mélisande n'est nulle part à sa place ; trop éclairée sur ce qui va survenir, trop consciente et éveillée, trop (extra) lucide, elle ne peut vivre dans l'instant ni partager les aveuglements des habitants d'Allemonde. *« Ce* rien *dont elle est faite »,* écrivit Debussy ; l'idée pourrait être reformulée de maintes façons : ce nulle part d'où elle vient, cette absence qui fait toute sa présence, ce mystère dans son évidence.

La brutalité de Golaud se double d'une cruauté verbale presque virtuose. Son ironie est encore plus blessante que ses accès de franchise. Il s'ingénie à ridiculiser la prétendue innocence de Mélisande, avec des images très poétiques, inattendues dans la bouche d'un homme aussi simple, voire frustre. Toutes expriment un surcroît de pureté : un lac de montagne où des anges se baigneraient, les yeux d'un agneau (mais un agneau pascal, que l'on va sacrifier…). En s'approchant ainsi de Mélisande, il prétend sentir la fraîcheur de ses cils, lorsqu'elle cligne des paupières ; et certes, elle doit les cligner, redoutant de recevoir des coups.

Golaud s'approche tout près de Mélisande, non seulement pour l'intimider mais aussi pour lui arracher d'éventuelles révélations. C'est ainsi, chez Maeterlinck, que l'on peut connaître la plus intime vérité de l'autre et toucher son âme pour tout sonder de ses secrets les plus profonds. Il ne s'agit ni plus ni moins que d'un contact avec l'aura, perçu ici comme le halo de l'âme rayonnant partout autour du corps, quoique sur une faible distance. Ablamore, dans *Alladine et Palomides,* ne procède pas autrement, mais avec beaucoup plus de finesse. Une première fois (acte II, scène III), pour connaître la vérité, il est sur le point de brutaliser Alladine, agenouillée si près de lui qu'il peut sentir son haleine. Acte II, scène I, il veut savoir si

Astolaine lui ment. Il s'approche d'elle : *« Il y a un moment où les âmes se touchent et savent tout sans que l'on ait besoin de remuer les lèvres. Approche-toi... Elles ne s'atteignent pas encore, et leur rayon est si petit autour de nous !... ».* On lit encore, dans *Aglavaine et Sélysette,* acte I : *« Elle a une âme que l'on voit autour d'elle »*, ce que confirme *Intérieur : « On ne sait pas jusqu'où l'âme s'étend autour des hommes ».* Ainsi donc, c'est de cette manière, par l'effleurement de l'aura, que l'on peut tout savoir de l'autre. Golaud n'est pas assez fin pour apprendre quoi que ce soit de cette manière, aussitôt il se met à proférer des menaces et s'amuse de la terreur de Mélisande à genoux, réduite à l'état de pénitente.

Après lui avoir déclaré qu'il risque de fermer ses yeux pour longtemps (il la menace de mort sans honte), il fait mine de s'étonner de sa crainte : *« Je dis une chose très simple... je n'ai pas d'arrière pensée... ».* Ses ordres sont nombreux, secs, implacables : *« Fermez-les ! », « Allez-vous-en ! », « Ici ! », « A genoux ! », « Jusqu'à terre ! », « En avant ! ».* C'est ainsi que l'on dresse un chien de garde : des injonctions brèves et autoritaires.

Il la veut à genoux, comme pour demander pardon ; ainsi le vieux Hjalmar furieux voue aux gémonies *La Princesse Maleine* et les siens : *« Vous irez à genoux à travers vos marais ! »* en contrepoint lugubre, c'est Maleine qui suit l'horrible Anne *« sur les genoux »* pour implorer - vainement - sa grâce. Cette posture n'est jamais celle de la prière, de l'adoration ou de la dévotion ; ce n'est pas même celle d'une simple soumission. C'est celle de l'ennemi terrassé, à qui l'on veut faire rendre gorge et qui, de toute façon, n'obtiendra pas grâce.

Il est fréquent que les mouvements que Golaud imprime à Mélisande (à droite, à gauche, puis à gauche, à droite, en avant, en arrière) soient interprétés comme le signe de la Croix. Quoique vraisemblable, cette interprétation demeure douteuse. Pour signer, l'on commence par le haut, l'on continue par le bas, puis l'on va de gauche à droite. Le fait qu'il précise deux fois *« à gauche »* suppose que le mouvement de torsion s'accomplit deux fois de ce côté. Ensuite, *« en arrière »* et *« en avant »* n'est pas tout à fait « en haut » ou « en bas », même si Mélisande est courbée *« jusqu'à terre »*. Peu importe d'ailleurs cette symbolique inutile : l'essentiel est que la jeune femme, complètement humiliée, passe de l'agenouillement à l'écrasement complet sur le sol et se trouve secouée comme une proie dont un fauve veut briser les reins pour mieux la dévorer. C'est d'ailleurs cet anéantissement qui fait rire Golaud, ivre de colère, le réduisant à une telle misère morale qu'il se compare à un vieillard ayant perdu toute lucidité.

« Absalon ! » crie deux fois le chasseur. Absalom (*Avshalom)* était le troisième fils de David, roi d'Israël. On le rencontre dans le Second livre de Samuel de l'Ancien Testament (13 : 18 - 28). Sa sœur Tamar avait été violée par son frère Amnôn ou Amon, fils aîné de David. Non content de la déshonorer, il la rejeta violemment. Absalom patienta deux ans avant de la venger, en faisant assassiner le coupable lors d'un banquet où la famille était en partie réunie. D'abord fort affligé, David finit par pardonner à son fils ce fratricide. Il s'agit donc là d'une vengeance à la suite d'un déshonneur. Golaud n'éprouve aucune difficulté à s'identifier au vengeur biblique, pour sa patience, pour son sens de l'honneur, pour son fratricide ; cependant, il ne s'attaque pas à son frère : c'est son épouse qu'il réduit à l'état de lambeau, à peine une marionnette agitée en tous sens.

Golaud demande sa main à Mélisande et la rejette violemment, sa chair le dégoûte. Cette fois, la main repoussée ou refusée prend une tournure violente. Le chasseur éprouve un tel désamour pour sa femme qu'elle en vient à l'écœurer. Une température anormale des mains est toujours, chez Maeterlinck, un signe de dérèglement, de perturbation, de grand malaise. Celles, brûlante, de Sélysette (acte IV, scène V), lorsqu'elle se prétend *« trop heureuse »* alors qu'elle souffre et ne songe qu'à la perspective de sa mort prochaine. Celle, *« froide et pâle »* de Hjalmar, prétexte choisi par la reine perverse, qui se propose de la réchauffer dans *La Princesse Maleine*, acte II, scène II. Les mains *« froides du pardon »*, dont on ne veut pas, apparaissent dans *Joyzelle,* acte V, scène II : ce qui est demandé, en leur place, sont celles qui aiment et caressent.

Arkël demande si Golaud est ivre. Pense-t-il à une ivresse atteinte à force de boisson ou d'alcool ? Maeterlinck s'est intéressé à Jan van Ruysbroeck, cet auteur mystique (1293 - 1381). Il a rédigé l'article *« Ruysbroek l'admirable »* pour la *Revue Générale* bruxelloise en 1889 et traduit, en 1891, *« L'Ornement des noces spirituelles »,* l'œuvre phare de cet auteur. Dans cet ouvrage, que certains auteurs taxèrent de panthéiste, la notion d'ivresse spirituelle était explicitée. Arkël relie-t-il cette notion mystique à la citation biblique du Livre de Samuel et au prétendu signe de la Croix ? *Aglavaine et Sélysette* indique encore une autre dimension de l'ivresse, celle de l'amour confinant à la folie (acte III, scène III) : *« On dit dirait que ton âme est ivre dans ton corps ».*

L'on notera en tout cas la lenteur avec laquelle Arkël se résout à intervenir. Il assiste paisiblement (du moins, silencieusement) à toute cette scène de torture. Les mises en scène sont fréquemment embarrassées avec cette inertie : certaines tentent de faire manifester des velléités de protestations au vieillard. Rien dans le livret n'indique que le vieil homme se soit absenté : il est donc bien sur scène, témoin muet, passif et forcément complice de Golaud. Pourtant, un seul mot de lui suffit à calmer le chasseur ! Mélisande ne l'appelle pas au secours. Elle ne crie pas. Tout au plus, tente-t-elle à un moment de s'esquiver, vite rattrapée par son mari. Déjà terrassée par le destin, exprimé au travers de la violence de Golaud, de la passivité d'Arkël et de l'aveuglement de Pelléas, elle attend de subir son sort avec résignation, sans se départir de sa douceur. Une marche au supplice digne.

Scène III

L'œuvre

Nous sommes sur une terrasse du château. Yniold essaye vainement de soulever un rocher : la pierre est beaucoup trop lourde ; la balle d'or de l'enfant est allée se nicher dessous, il ne parvient pas à la récupérer. Un troupeau de moutons passant au loin attire l'attention du garçon. Captivé par les animaux et par les bêlements des bêtes apeurées serrées les unes contre les autres, l'enfant commente ce qui se passe avec animation. Au carrefour, le troupeau semble hésiter, stationne puis semble vouloir se diriger vers la droite, mais le berger les en empêche en leur jetant de la terre pour les effrayer : il faut aller à gauche. Les bêtes passent tout près de l'enfant ; Yniold demande au berger pourquoi elles se taisent : on lui répond qu'il ne s'agit pas du chemin de l'étable. La nuit tombe. Un peu effrayé par l'obscurité, le gamin détale.

La lecture

Cette petite scène est le dernier moment de répit avant le dénouement. Elle se divise nettement en deux ; nous retrouvons le symbole du poids trop lourd, ici plus longuement exprimé que dans le livret de Debussy. Pour récupérer une balle d'or, un attribut princier également conféré au petit Allan de *La Princesse Maleine,* Yniold s'évertue à soulever un quartier de roc, en pure perte. Avec une poésie naïve et charmante, il lui soupçonne d'avoir des racines, d'être plus lourd que lui, que tout, que toute la maison. *Les Sept princesses* dévoilent la puissance du symbole de ce qui pèse fort lourd. Cette scène se déroule tandis qu'un bateau s'en va le long du canal, passant sous les saules ; elle est extrêmement dense en symboles. Lorsque le prince Marcellus arrive et va éveiller les princesses, il ne peut entrer par les portes, condamnées par erreur, confrontant le visiteur à cette impossibilité si récurrente dans l'imaginaire de Maeterlinck. Alors, le prince emprunte un souterrain dont la destination n'est pas nommément précisée, mais que l'on devine aux précautions préconisées par le roi et la reine. L'on recommande au prince la dernière prudence ; il doit prendre garde aux marbres, aux chaînes, à un buste penchant la tête, à une croix *« aux bras un peu longs »*. Il se munit d'une lampe. Le roi le répète, Marcellus risque de se perdre dans l'obscurité (acte III, scène II, Mélisande exprime la même crainte au sujet de ses colombes échappées). Ce souterrain est en réalité un cimetière, que seule une trappe sépare du château ; cette ouverture aboutit là où dorment les princesses. Marcellus soulève la pierre *« très lourde »*, qui *« crie »*. Dans la première scène de l'acte I, le portier d'Allemonde s'écrie, au sujet de la porte si difficile à ouvrir, qu'elle *« crie »* en tournant enfin sur ses gonds. Marcellus soulève la dalle : six princesses se réveillent, la septième est morte. Souvent, les portes et les issues condamnées devraient le rester, car sait-on jamais ce qui s'échappe, si une ouverture est pratiquée ? Il n'appartient pas à l'homme de desceller le destin. Il risque ainsi de libérer la mort.

Yniold, en tout cas, ne parvient pas à soulever cette pierre qui peut tout à fait être comparée à une pierre tombale, bien qu'il s'agisse d'un quartier de roc. Pour décrire la monstrueuse reine, dans *La Mort de Tintagiles,* acte II, n'est-il pas dit : *« Elle est là sur notre âme, comme la pierre d'un tombeau »* ?

Lorsqu'il voit ensuite les moutons, l'enfant oublie sa balle. *« Il y en a ! »* s'écrie-t-il. Un même ravissement frappe la *Princesse Isabelle* voyant des anges, dans le quinzième tableau : même blancheur, même multitude, même innocence. On leur jette de la terre pour les effrayer, à la façon de Hjalmar dans *Princesse Maleine* pour éloigner des hiboux, acte II, scène VI. Il n'est donc pas nécessaire de soulever la pierre pour libérer la mort : l'agneau pascal, les moutons, vont être menés non pas à l'étable, mais à l'abattoir, une fois de plus. Ils le savent et, s'apercevant qu'on leur interdit le chemin du retour au bercail, ils se taisent, glacés d'effroi. La voix du berger, protagoniste que l'on entend sans le voir comme si nous aussi étions aveugles, l'annonce. Aucun mot n'est prononcé cependant : ni *boucher*, le terme employé par Golaud au sortir des souterrains, acte III, scène IV, ni *abattoir*. Le sort en étant désormais jeté, il n'est plus nécessaire à Maeterlinck d'expliciter les choses.

Le soir tombe. Yniold semble mélancolique de voir s'éloigner les animaux devenus silencieux. Il se demande où ils dormiront cette nuit, puis s'aperçoit que la lumière baisse et, probablement moins rassuré, veut rentrer. *« Je vais dire quelque chose à quelqu'un »*, prétend-il. Décidément hermétique aux sortilèges de Maurice Maeterlinck et décidé à n'y voir qu'un drame bourgeois digne de Feydeau, Boucourechliev se gausse ; il explique qu'en Belgique, cette expression signifie : *je vais aux toilettes*. Inutile de commenter cette ineptie. L'enfant joue aux grandes personnes. Dans les jeux solitaires auxquels il se livre, il devient un guerrier qui a reçu de son père un arc et de *« très grandes flèches »*. Il estime d'ailleurs que, s'il ne parvient pas soulever la pierre, aucun être au monde ne le pourra. L'enfant n'a avoué sa peur qu'à Golaud, qui le connaît trop pour se laisser leurrer : au sujet de l'obscurité, l'enfant lui a confié : *« cela fait pleurer »*, acte III, scène V. Yniold s'éclipse prudemment avant d'avoir trop peur et s'invente un prétexte, un prétexte de grande personne occupée à des affaires sérieuses et qui doit voir *quelqu'un* pour un sujet précis. A moins que… Certains l'ont proposé, peut-être Yniold se rend-il chez Golaud pour lui parler de Pelléas et de Mélisande et les lui livrer. Force de l'hérédité, poids du clan, identification de l'enfant à son père, initiation à la prédation ? Voilà une piste intéressante, en tout cas.

Scène IV

L'œuvre

Nous sommes près d'une fontaine dans le parc, nous dit Maeterlinck, c'est-à-dire la fontaine des aveugles de l'acte II, où, acte IV, scène I, Pelléas a donné rendez-vous à Mélisande. Le jeune héros est en train de l'attendre et semble en proie à une grande émotion. Il s'en rend compte, il a joué avec le feu malgré lui, il s'est menti à lui-même et aveuglé. Brusquement redevenu lucide, il comprend qu'aucun prétexte décent ne peut plus le retenir à Allemonde puisque son père est désormais sauvé. Il va annoncer son départ à Mélisande ; il se demande s'il n'aurait pas mieux fait de partir sans lui faire ses adieux. Comme c'est leur dernière entrevue, il veut la regarder pour longtemps et en fixer chaque détail, bien conscient cependant que les souvenirs sont vains et dérisoires. Il semble résolu à lui dire tout ce qu'il a tu jusque-là. Elle arrive, essoufflée : elle a couru pour s'évader du château. Il redoute qu'on les surprenne et veut l'entraîner dans l'ombre, mais elle préfère demeurer dans la clarté. Pelléas l'attire près d'elle en riant. Il ne sait pas au juste pourquoi il rit ainsi, des pleurs seraient plus opportuns en ce moment d'adieux. Mélisande se rappelle alors leur première entrevue ici, quelques mois auparavant. Pelléas lui répond qu'à l'époque, il ne *« savait pas »*. Il va partir, ce que ne comprend pas Mélisande. Il le lui révèle enfin, il l'aime. *« Je t'aime aussi »,* répond la jeune femme à voix basse : ce, depuis leur première rencontre. Pelléas est bouleversé par cette révélation et s'étonne de la franchise de cette réponse, il croit d'abord à une plaisanterie, à un mensonge, mais elle avoue ne mentir qu'à Golaud. Pelléas lui prend les mains, les embrasse, s'émerveillant de la beauté de Mélisande, dont la quête fébrile, partout, l'a harcelé longuement. A son tour, il veut l'entraîner dans la lumière, pour mieux voir leur bonheur mais, cette fois, la jeune femme préfère l'intimité de la pénombre. Elle semble absente, distraite, lointaine, avoue être triste quoique heureuse. Ne pleure-t-elle pas, près de lui ? Pelléas le sait bien, il pleure aussi. L'un et l'autre se trouvent si beaux, ils croient qu'ils vont mourir bientôt. Ils échangent quelques souvenirs. Lui prétend ne pas l'avoir aimée, au début ; elle confesse avoir eu peur, envahie par un mauvais pressentiment dès son arrivée à Allemonde.

Un bruit les distrait : ce sont les portes du château, que l'on ferme. Les voilà bloqués dans le parc, ils ne pourront plus rentrer. C'est la liberté, ils sont heureux et s'enlacent en s'embrassant. Mélisande, tout à coup, s'en rend compte : quelqu'un les épie, elle a d'ailleurs entendu quelque chose. Pelléas ne voit rien, il attribue le bruit au cœur de la jeune femme, battant dans l'obscurité, ou au vent ; mais en regardant leurs ombres s'étirer jusqu'au bout du jardin, la jeune femme reconnaît Golaud, embusqué derrière un arbre, armé de son épée. Pelléas n'a pas la sienne ; il demande à la jeune femme de partir, espérant retenir son frère quand il viendra, afin d'éviter un drame ; il l'a compris, le chasseur les tuera. *« Tant mieux ! »* répète Mélisande, éperdue. Golaud arrive, les jeunes gens affranchis de toute entrave s'embrassent au milieu de ce qu'ils croient être une pluie d'étoiles. Pelléas, le premier, est frappé ; il tombe au bord de la fontaine ; la jeune femme prend la fuite, poursuivie par un Golaud silencieux et résolu.

La lecture

Le potentiel dramatique de cette scène est au paroxysme ; il réunit l'attente, l'anxiété, la rêverie, la tendresse, l'émotion, la passion déchaînée, le bonheur, la peur, la violence, la mort et résout, en quelque sorte, l'énigme d'une partie des mauvais présages semés tout au long des scènes et des actes précédents. La fontaine des aveugles accomplit là un destin non moins aveugle.

A son arrivée sur scène, Pelléas le confirme : retenu à Allemonde sous de faux prétextes, il a joué avec le feu, vis-à-vis de Mélisande, risquant de commettre l'irréparable : un adultère. Il se compare à un enfant, jouant en rêve au milieu des dangers et des pièges tendus par le destin. Il semble avoir agi en somnambule, dans le château moribond, empoisonné de cette haleine putride montant du plus profond de ses entrailles et transformant les habitants en spectres désincarnés. Il le réalise, il peut désormais partir ; la perspective de cet éloignement, ou peut-être l'idée de sa liberté nouvelle semblent conforter encore la révélation de ses véritables sentiments vis-à-vis de Mélisande. Ces deux secousses lui ont fait l'effet d'un électrochoc, il se déclare *« réveillé »,* prêt à *« fuir en criant de joie et de douleur ».* Il est enfin libre du joug d'Allemonde mais il va aussi devoir mettre un terme à cette liaison non avouée (et merveilleuse). Il se compare, fort à propos, à un *« aveugle qui fuirait l'incendie de sa maison »* : un danger omniprésent que l'on ressent sans pouvoir le voir, une fuite urgente et dangereuse au milieu d'obstacles redoutables. Certes, la cellule familiale est sur le point d'éclater, de s'embraser comme un feu de paille ; Pelléas n'est pas le seul de ses membres privé de la vue, cependant.

Le jeune homme se montre résolu à partir. Jusqu'à présent, il ne partageait avec Mélisande que des jeux d'enfants, son amour n'était pas conscient, pas lucide. A présent qu'il comprend la véritable nature de ses sentiments et recouvre la vision, d'une certaine manière il réalise qu'il a perdu la jeune femme « de vue » depuis longtemps, aussi se promet-il de la regarder intensément, pour tenter de graver chaque détail de son regard, de son visage, dans son esprit et dans son cœur. *« Regarder son regard »* suppose un échange intense, une réciprocité totale, une étroite intimité, une forme de communion ; mais Pelléas n'est pas dupe et se rend compte que, face à l'absence et au manque, prévisibles pour l'avenir, ces regards seront dérisoires : *« un peu d'eau dans un sac de mousseline »* ne saurait désaltérer quiconque et goutterait rapidement à travers le tissu. Il *veut* voir la jeune femme jusqu'à l'âme et lui parlera franchement : il *veut* qu'elle sache. Enfin, Pelléas fait preuve d'une véritable volonté ! Il devient maître de son destin, prend des décisions, opère des choix : initié, libéré et lucide, il est désormais adulte. Ensuite, il pourra fuir.

Pelléas continue de s'entourer de précautions. Il redoute que la clarté les trahisse et veut entraîner la jeune femme à l'ombre du tilleul surplombant la fontaine. Mélisande, retenue par le sommeil de Golaud, perturbé de cauchemars, s'est hâtée, a couru, sa robe s'est déchirée, accrochée à un clou. C'est ici l'écho de sa fuite dans la forêt, au milieu des ronces et des épines qui l'ont lacérée, avant que Golaud ne la rencontre, à l'acte I, scène II. Tout mouvement, pour arriver ou pour fuir, est un déchirement. Mélisande, en cet instant, se trouve ramenée à sa condition errante et sans attache.

Venir à ce rendez-vous représentait un danger, constituait un risque ; courageusement, la jeune femme l'a assumé. Fière, peut-être, de ce défi lancé à la face de tous, elle tient à rester dans la lumière, puis préfèrera la pénombre lorsqu'il s'agira d'y abriter son intimité avec Pelléas. Cette alternance forcée, ce choix obligé entre clair et sombre est un jeu fréquent chez Maeterlinck. Déjà, acte I, scène IV, Geneviève montrait qu'à Allemonde, en se tournant vers la mer, l'on trouvait la clarté dont les forêts étaient dépourvues : un moyen d'indiquer combien la survie ne pouvait résider que dans la fuite vers le large. A l'acte III, scène I, c'était au contraire la pénombre bienveillante, tissant une communion silencieuse entre Pelléas et Mélisande en pleurs ; au retour de Golaud, Yniold illuminait leurs larmes à la lumière crue d'une lampe brandie à leur face. A la scène V, Golaud s'asseyait dans l'ombre, à ressasser sa jalousie sous la fenêtre éclairée de Mélisande. Ce jeu de clair obscur va s'accélérer dans cette scène, à mesure que l'amour, éclatant dans toute sa lumière, ne pourra plus être enfoui dans les ténèbres. On retrouve ce jeu poétique en maints endroits de l'œuvre de Maeterlinck. Ainsi, dès l'acte II, scène III de *La Princesse Maleine,* Hjalmar rassure Angus, qui craint d'être aperçu en train d'épier le roi et la reine : *« Nous sommes dans l'obscurité et leur chambre est éclairée »*. Suit ce dialogue entre Hjalmar et Maleine, acte II, scène VI : *« Allons ailleurs, à la lumière ! [...] - Pas encore. »* Enfin, acte V, scène II, cette hésitation sur le *« trop »* ou le *« pas assez »* de lumière. Lanceor fait contraster cette même opposition entre le *« sortir des ténèbres »* et la *« grande lumière »* dans *Joyzelle*, acte IV, scène I. Ombre ou lumière, peu importe : le sort en est jeté. Il est important aussi de le remarquer : chez Maeterlinck, l'amour est une lumière qui se suffit à elle-même.

Lorsque Pelléas avoue son amour, il ignore si Mélisande est prête à l'entendre, et quelle sera sa réaction. C'est aussi une libération, une forme de triomphe peut-être, à laquelle il tient. Voilà pourquoi il la fait attendre, désirer. Ménage-t-il son effet ? Il semble supposer que la jeune femme est déjà au courant de tout : *« Je dois te dire ce que tu sais déjà ? - Tu ne sais pas ce que je vais te dire ? »,* insiste-t-il. Elle l'affirme, elle ne sait rien, mais s'attend-elle bien à cette révélation ? Si non, est-ce parce qu'elle s'attend à une autre chose plus surprenante ? Si oui, a-t-elle connu dès le premier jour, non seulement ses propres sentiments, mais aussi ceux par elle inspirés ? Autant de pistes utiles à creuser pour un acteur, un chanteur, ou pour un metteur en scène.

Mélisande ne paraît pas surprise de la déclaration d'amour. Elle répond à voix basse, calmement, portant à son comble l'agitation de Pelléas. Il vient tout juste de découvrir un amour qu'il a été assez candide pour méconnaître, pour se le cacher à lui-même, et il apprend derechef que ses sentiments sont réciproques ! Il ne se tient plus de joie et ne parvient pas, n'ose pas y croire, dans un premier temps. Pourquoi, demande-t-il ? Il n'estime pas mériter cette chance. Il pense à une plaisanterie ; une mauvaise plaisanterie, l'on s'en doute ! Aussi prend-il la précaution de demander s'il n'y avait pas malice dans la réponse de Mélisande, si ce n'était pas « *pour me faire sourire »*. Alors, la jeune femme proteste : *« Je ne mens jamais ; je ne mens qu'à ton frère... »*. Beaucoup ont vu dans cette réplique une preuve de cynisme, voire un triomphe de mauvais goût, quand il s'agit au contraire du comble de la franchise. Mélisande ne se fait pas une gloire de ces mensonges : elle répond la vérité puisqu'on la soupçonne de plaisanter, de se moquer. Oui, elle ment à Golaud. Comment pourrait-elle faire autrement ? Cet homme l'a recueillie, ne l'a pas rendue heureuse, l'a poussée vers un autre qui lui correspondait bien mieux, l'a humiliée et maltraitée sans la moindre compassion. Elle vit sous sa coupe, à la merci de ses terribles accès de violence ; sa douce soumission toujours affichée n'a pas suffi à l'apaiser. Elle n'est pas heureuse et suffoque lentement à Allemonde, au milieu d'un monde empoisonné, obscur, qui la fait dépérir. Mélisande n'a pas le choix. Elle ne peut le quitter, il est son mari, elle porte peut-être son enfant. Telle est son existence, qu'elle n'a pas choisie jusqu'à présent, mais subie ; elle est lucide et n'a aucune raison de dissimuler les faits. Elle ment, par omission, et n'en nie pas l'évidence. Sa rencontre avec le jeune homme, espoir inouï, a ouvert une fenêtre sur la clarté, la jeunesse et l'avenir, une dernière lueur de bonheur, un vent de liberté. D'ailleurs, Pelléas, après s'être si longtemps menti à lui-même, est stupéfait de cette honnêteté. Il compare la voix de Mélisande à de l'eau pure coulant sur ses lèvres et ses mains : un nouveau rituel ablutoire, clairement purificateur, cette fois, une forme de baptême. Le jeune homme cherchait partout la beauté avec une frénésie fiévreuse, comme un idéal impossible à atteindre ; sa quête l'a conduit chez lui et dans les environs et, cette fois, enfin, il l'atteint au moment où il s'y attend le moins : Mélisande en est l'incarnation, rien ne peut lui être comparable. La jeune femme offre ses mains : la rencontre se fait. Enfin, la main demandée est tendue et prise !

« On dirait que ta voix a passé sur la mer au printemps ! » s'écrie Pelléas, donnant l'occasion à Debussy d'écrire la phrase la plus caressante de toute son œuvre. Cet *« on dirait »* dénote

clairement la difficulté à traduire un ressenti en mots. C'est une formule courante chez un auteur ayant renoncé à croire en la puissance du verbe pour restituer la nature, la vérité et la force des choses. C'est d'autant plus vrai lorsqu'il s'agit, pour un personnage, d'exprimer le plus intime, de formuler ce qui relève d'une impression trouble ou d'un sentiment paradoxal : *« On dirait que mes yeux se sont ouverts ce soir »*, *« on dirait que mon cœur s'est entr'ouvert ce soir »*, déclare Hjalmar, acte II, scène VI, dans *La Princesse Maleine. « On dirait que ta joie est tombée sur mes lèvres »,* renchérit le héros d'*Alladine et Palomides,* acte IV, scène I. *« On dirait qu'elle éclaire la foule qui l'acclame »*, déclare-t-on au sujet de *Monna Vanna*, acte III, scène I. *« L'on dirait parfois que je suis malheureuse à force d'être heureuse »,* avoue l'héroïne d'*Aglavaine et Sélysette,* acte II, scène I. Tous ces *« on dirait »* sont d'autant plus décomplexés qu'un postulat demeure : seul, le langage de l'âme est véritable. Les mots, bornés, vains et grossiers, sont des coquilles vides venant s'écraser sur les organes de l'audition pour se perdre dans les dédales de notre intellect. Les larmes et le silence expriment bien davantage de nous-mêmes que de stériles discours. Il est dit : *« Existe-t-il une destinée que des paroles n'aient jamais effleurée ? »*, *« Notre silence [...] a crié cela, à travers toute mon âme [...] et c'est la seule voix que j'aie bien entendue... »*, *« Lorsque je me tais, c'est ton cœur que j'entends »*, lit-on dans *Aglavaine et Sélysette,* d'abord acte I, scène I puis acte II, scène I. Pour confirmer la vacuité du mot, il est encore écrit, acte II, scène II : *« Ce n'est pas avec les oreilles qu'on écoute ; et ce que tu entends à présent, ce n'est pas avec tes oreilles que tu l'entends vraiment ».*

Pelléas veut savoir depuis quand il est aimé. Il est souvent nécessaire, chez Maeterlinck, de connaître avec exactitude le moment de l'éclosion amoureuse. C'est une manière d'enraciner les sentiments, de pouvoir les savourer rétrospectivement depuis leur naissance, de se rendre lucide. *« Depuis quand l'aimes-tu ? »* demande Guido, acte I, scène III de *Monna Vanna. « Depuis quand m'aimais-tu ? »* semble renchérir Gabriel, au dix-neuvième tableau de *La Princesse Isabelle.* Miracle ! Elle l'aime depuis *« avant le premier jour »,* alors même qu'elle ne l'avait pas encore vu. Une prescience, une anticipation, une abolition du temps. Peut-être les organes de la vue sont-ils aussi vains et trompeurs que ceux de l'audition ; alors, ce que perçoit l'œil n'est rien, sans doute, auprès de ce que regarde l'âme.

A peine atteint, le bonheur est menacé, tout comme dans l'étrange scène d'*Alladine et Palomides*, quand les deux amoureux se retrouvent prisonniers dans la grotte où on les a précipités pour les faire mourir. Ils ont beau se retrouver vivants et s'embrasser, quelque chose les sépare, les éloigne malgré eux. Pelléas, qui voulait l'ombre, veut la clarté, tandis que Mélisande préfère à nouveau la pénombre. Tout comme lors de la scène II de l'acte III, il redoute de voir fuir la jeune femme ; mais c'est toujours lui qui veut partir, et il le lui affirme, il leur reste *« si peu de temps ».* Il lui reproche de ne pas penser à lui ; elle lui affirme le contraire, elle ne pense qu'à lui mais il proteste, elle regardait ailleurs : elle le voyait ailleurs, ce qui n'est pas étonnant lorsque l'on connaît Mélisande. Un autre jeu de contradictions s'instaure donc au sujet du regard, qu'il ne rencontre plus dans la nuit. Il trouve la jeune femme distraite, lointaine, triste. Huit répliques viennent ainsi démontrer un décalage, une perturbation, à peine l'harmonie atteinte. Quelque chose s'immisce entre eux et assombrit l'atmosphère du duo. Le livret de Debussy, en cela, va davantage droit au but, par une concision bien supérieure ; s'il permet de maintenir une grande tension amoureuse, il évite un dernier avant-goût du dénouement fatal. Car, au moment du bonheur afin atteint, les deux héros évoquent malgré eux des choses douloureuses : être heureux n'empêche pas d'être triste, surtout si l'on sent qu'il est trop tard. Ils repensent à leurs larmes, versées ensemble ; ils évoquent une possible mort prochaine : tant de beauté est-elle vivable ?

Le bruit des portes, définitivement fermées, les tire de ces considérations sombres. Non seulement des verrous, mais aussi de *« grandes chaînes »*. Ce symbole, encore plus complexe, noue et dénoue, relie ou isole. Il évoque la continuité, graduée au gré des maillons pour conduire, infailliblement, à une extrémité. Les jeunes gens sont-ils perdus ou sauvés ? Pelléas s'écrie qu'il est trop tard et semble submergé par l'émotion, jusqu'aux limites du malaise (son cœur bat *« comme un fou »* au fond de sa gorge et menace de l'étouffer). Mélisande, elle, se réjouit franchement, entrevoyant enfin une issue. Ils ne sont pas exactement au diapason l'un de l'autre ; c'est d'ailleurs à ce moment que la jeune femme perçoit une présence derrière eux. Entre les héros, le décalage se poursuit puisque Pelléas, encore aveugle, n'a rien remarqué. Ils contemplent l'étendue de leur ombre, grandissant comme un spectre à leurs pieds. Au bout de ces fantômes, Golaud armé se révèle. Les jeunes gens ne parviennent pas à vibrer pleinement ensemble : Pelléas tente une manœuvre de dissuasion ; Mélisande, plus lucide, sait l'inutilité de cette tentative. C'est peine perdue : *« Non, non, non ! »,* insiste-t-elle, avant de se libérer en un triomphal *« Oui !... Oui !... Oui... »,* lorsque, enfin, le héros assume ses sentiments et l'embrasse au grand *jour* dans la *nuit*, en quelque sorte.

Les étoiles pleuvent sur le couple. A l'acte I de *La Princesse Maleine,* scène I, les étoiles tombant sur le château annoncent d'emblée la malédiction qui y plane ; Stéphano et Vanox le déclarent : *« Tout ceci présage de grands malheurs ».* Scène II, acte III *(voir page 87)*, les étoiles demeuraient statiques ; un vertige semble saisir le paysage entier dans ce basculement cosmique lentement préparé par toute la narration, qui a suscité une attente, une tension croissante, en une longue maturation. Les deux amants réunis se sont enfin révélés l'un à l'autre, au bout de quatre actes de silences, d'erreurs, de mensonges, d'illusions, de dénis peut-être. Leur souffle est court, ils s'expriment par cris, les brèves phrases se saccadent, suffoquées en répétitions : *« Sur moi aussi ! Sur moi aussi !... »*, *« Encore !*

Encore !... Donne ! Donne !... », *« Toute ! Toute ! Toute !... »*, *« Oh ! Oh ! »*.

Ce zénith, comme les autres, est de courte durée. Golaud frappe son frère, et Mélisande, terrorisée, s'exprime toujours en négatif : elle dit qu'elle n'a pas de courage. Le chasseur, après avoir suivi des traces de sang dans la forêt, après avoir répandu du sang par la bouche puis par le front, va saigner les amants.

ACTE V

Scène I

L'œuvre

C'est une salle basse du château. Tandis que les servantes discutent, des enfants jouent : on les entend par un soupirail. La plus âgée des servantes, qui paraît se considérer plus savante, annonce que *« ce sera pour ce soir »* ; même si l'on ne les en prévient pas, elles sentiront le moment venu et monteront d'elles-mêmes. Tandis que le silence règne dans le château, les enfants font un grand vacarme ; les femmes le savent, à l'heure dite, ils se tairont spontanément. *« Elle »* est dans sa chambre, entourée de monde, dit une servante (pour l'heure, le spectateur ignore de qui il s'agit). Questionnée par les autres, la plus vieille raconte toute l'histoire, en s'égarant dans des détails pour insister sur sa propre importance. C'est elle qui *« les »* a trouvés la première, en descendant à la cave, et non le portier (il dormait). Il était environ cinq heures du matin : sur le seuil ensanglanté, serrés l'un contre l'autre, gisaient Golaud, son épée encore enfoncée dans son flanc, et Mélisande, presque morte malgré une blessure très légère, sous le sein gauche. D'après la vieille servante, Golaud est à présent presque guéri, même s'il doit être soutenu lorsqu'il marche, à la façon d'un homme ivre. Trois jours auparavant, la jeune femme a accouché d'une petite fille maladive et misérable, à figure de cire. Le malheur est dans la maison, répète la servante. Elle le révèle, bien que nul n'ose en parler, l'on sait où se trouve Pelléas : il a été trouvé au fond de la fontaine des aveugles, mais tout ne sera révélé qu'au *« dernier jour »*. Le silence, la peur semblent avoir envahi la famille royale et le château. Brusquement, les enfants jouant au dehors se taisent, comme pétrifiés dans un silence intense. La vieille servante l'annonce : il faut à présent monter.

La lecture

Cette scène ne figure pas davantage dans le livret de Debussy que la toute première scène de l'acte I. Il est possible d'imaginer pourquoi : elle déflore légèrement le mystère en indiquant par avance la suite de l'action et en révélant certains éléments importants (la maternité de Mélisande, sa mort imminente), qui seront au cœur de la scène suivante. Les servantes (au nombre de huit, la plus âgée et sept autres plus anonymes) attendent le moment de monter, c'est-à-dire celui où Mélisande rendra l'âme. Ces femmes insistent sur le désarroi de la famille royale : elle ne sait plus ce qu'elle fait, n'ose plus parler (encore moins à voix haute), baisse les yeux en longeant les couloirs, semble avoir peur : n'ont-ils pas tous été complices du crime ? Ce silence coupable trouble les servantes, alertées par plusieurs signes étranges : Mélisande a enfanté sur son futur lit de mort ; son décès, restant plus que probable, malgré une blessure aussi légère ; la naissance d'une enfant inspirant autant d'inquiétude et de pitié. Quant à Pelléas, son sort est encore plus mystérieux. Dans la scène précédente, il tombait au bord de la fontaine ; à présent, la servante le déclare, on l'a retrouvé *« au fond »* mais personne n'a pu le voir, cela ne sera connu qu'au dernier jour (veut-elle dire : au Jugement dernier, une manière de dire jamais ?). Que s'est-il passé au juste ? L'a-t-on poussé ? Comment sait-on qu'il a disparu dans la fontaine si personne ne l'a vu ? En tout état de cause, voilà le jeune homme englouti dans le puits sans fond des aveugles, à la recherche, peut-être, de l'anneau nuptial de Mélisande…

Golaud est *« trop grand »* pour avoir réussi à se tuer. Décidément, rien ne semble pouvoir venir à bout de cette force de la nature. Il survit ; tel est son destin : après avoir perdu sa première femme, il aura tué son frère et sa femme. Il ne lui restera que ses deux enfants. Il marche avec peine, titubant encore, comme *« ivre »* nous dit la servante, en un rappel de l'ivresse supposée du chasseur à la scène II de l'acte IV. Il a été retrouvé serré contre Mélisande, au milieu du sang qui inondait le seuil de la porte (cela semble donc logique, c'est celui-là même que s'évertuent à nettoyer les servantes, scène I, acte I). Malgré la violence de la scène qui a dû précéder leur chute devant la porte, les deux époux étaient serrés l'un contre l'autre. Etreinte amoureuse ou lutte corps à corps ? Ils ressemblaient à *« des pauvres qui ont faim ».* Voici le prince héritier et sa femme réduits à l'image de la population miséreuse d'Allemonde, ces pauvres sans nom, venus mourir sous les yeux des châtelains, se réfugiant dans les grottes, essayant d'allumer un feu dans la forêt. Ils n'étaient alors qu'aperçus, devinés, distingués au loin, malgré une grande insistance à exhiber leurs dépouilles dont s'irritait Golaud scène II, acte IV. Déjà, cependant, à la scène III de l'acte IV, le chasseur demandait à sa femme pourquoi elle l'examinait *« comme un pauvre ».* Pressentait-il son destin ? Dans le livret de Debussy, fixant les yeux de Mélisande et s'irritant de leur *« grande innocence »,* Golaud les déclarait *« fiers d'être riches »* ; il se sentait légitimement accusé de venir demander l'aumône. Trouvés moribonds sur le seuil, le chasseur et sa femme sont également comparés à des *« petits enfants »* par les servantes. Cette image aussi a été filée tout du long de l'œuvre. Golaud s'exclamait nerveusement *«Quels enfants ! »* scène II, acte III, pour désigner Pelléas et Mélisande jouant dans la pénombre ; il comparait les moutons conduits à l'abattoir à des *« enfants perdus »*, acte III, scène IV. Ne cesse-t-il pas de reprocher à sa femme et à son fils de se comporter d'une manière immature ? *« Tu n'es plus une enfant », « on va croire à des rêves d'enfant », « tu n'es plus à l'âge où l'on peut pleurer pour ces choses »*, s'exclamait-il devant Mélisande, acte II, scène II. Quant à Yniold, il lui déclarait : *« tu dois apprendre à parler ; il est temps... »,* alors qu'il tentait de le rendre complice de son jaloux espionnage.

Le personnage de la vieille servante est le plus précis du personnel domestique. Elle insiste sur tout ce qu'elle est seule à connaître, sur ce qu'elle a vu avant les autres ; pour se rendre crédible, elle s'égare dans des détails : l'heure exacte à son lever, ce qu'elle allait faire à la cave (d'ailleurs, elle l'a oublié). Elle ménage ses effets : *« Devinez un peu ce que je vois ! »*. Elle a vu la blessure de Mélisande et sait qu'elle en mourra ; elle évoque la prématurée dont a accouché la princesse ; elle, encore, *« sait »* que l'on a retrouvé Pelléas au fond du puits, et comme elle ne l'a pas vu elle-même, elle verrouille son récit : *« personne n'a pu le voir »*. Quant au pauvre portier, elle l'accable : il dormait, il ment en prétendant avoir tout vu le premier ; elle prend ses compagnes à témoin : *« Est-ce que c'est juste ? »*, tout comme elle demande : *« Est-ce que c'est naturel ? »* pour accréditer sa thèse de la mort incompréhensible d'une Mélisande si peu blessée. Elle pense avoir tout dit lorsqu'elle formule à deux reprises l'idée que le malheur est dans la maison ; une première fois, en négatif : *« Ce n'est pas le bonheur qui est entré... »*, et une seconde fois : *« Le malheur est dans la maison »*.

Il est intéressant de le remarquer, la pauvre enfant née de la princesse est décrite comme une *« figure de cire »* ; Maeterlinck trouvait que les personnages semblables à ceux présentés au musée Grévin paraissaient pourvus d'une âme morte. Il évoqua l'effroi qu'ils lui inspirent, par leur absence totale de mystère et l'évidence inquiétante de leur vacuité spirituelle et animale *(voir page 28)*. Semblables à la fille de Mélisande, l'enfant et la mère de *L'Intruse* sont moribonds et la présence de la grande faucheuse n'est perçue que par des êtres humbles, âgés ou faibles.

Scène II

L'œuvre

C'est la dernière scène de la pièce, celle où tout s'accomplit. Nous sommes à l'intérieur du château. Un médecin est là, dans un coin, avec Golaud. Arkël est près du lit où repose Mélisande. Le médecin tente de l'expliquer, ce n'est pas sa blessure qui va tuer la jeune femme, mais son destin ; d'ailleurs, peut-être y a-t-il encore un quelconque espoir de la sauver ? Arkël le sait, il n'y en a pas, preuves en sont ce silence régnant dans la pièce et la façon dont la princesse dort. Golaud s'accuse de l'avoir tuée malgré lui et sans motif : entre les jeunes gens, dit-il, ce n'étaient que jeux d'enfants. Mélisande s'éveille et demande l'ouverture de la plus grande fenêtre, pour y regarder. Elle tient d'étranges propos, affirme se sentir parfaitement bien mais avoue ne pas comprendre ni ne savoir ce qu'elle dit. On le lui annonce prudemment, de peur de l'effrayer : dans la pièce, se trouve aussi son mari. Très calme, elle ne comprend pas pourquoi il n'est pas à son chevet. Elle ne semble pas se souvenir de ce qui s'est passé. Il approche ; elle le trouve vieilli et changé. Il demande humblement à lui parler seul à seule, porte ouverte, un bref moment ; les deux hommes y consentent et s'effacent. Golaud demande pardon ; Mélisande, ignorant ce qu'il s'agit de pardonner, pardonne bien volontiers. Il tente de s'expliquer, s'accuse de lui avoir fait du mal et de mesurer pleinement, désormais, l'étendue de son erreur. Il l'aimait trop ! Il demande une dernière chose, pourvu qu'elle jure de dire la vérité, et elle y consent. Maladroitement, il la questionne pour savoir si elle a aimé Pelléas d'un amour défendu ou coupable. Il ne parvient pas à la croire lorsque, innocemment, elle répond non. Il la supplie de ne pas mentir ainsi alors qu'elle se meurt ; surprise, car elle ignorait son état, elle l'apprend donc brusquement. Il ne prend pas le temps de tout lui expliquer et le déclare : il mourra aussi, ensuite, comme un aveugle. Les deux hommes reviennent alors que Mélisande parait sombrer dans la torpeur. Arkël s'inquiète, Golaud va la tuer s'il continue, mais le chasseur estime l'avoir déjà fait. La jeune femme demande si l'hiver arrive ; elle ne l'aime pas, redoute le froid et s'abîme dans la contemplation du coucher de soleil sur la mer. Comme on lui propose de voir son enfant, elle s'étonne, n'ayant gardé aucun souvenir de son propre accouchement. Elle est très faible, aussi lui approche-t-on le bébé. Mélisande le trouve triste et misérable. C'est alors que, silencieuses, les servantes font irruption dans la pièce et ne répondent pas lorsque Golaud irrité s'étonne de leur présence ici. La jeune maman, les yeux fermés, pleure doucement et, peut-être dans un dernier effort, tend les bras. Est-ce vers son enfant ? Le médecin le redoute, c'est peut-être le dernier sursaut avant la mort. Golaud paniqué veut encore lui parler, rester seul avec elle, mais Arkël, cette fois, se montre ferme : il faut paix, silence et solitude autour de la jeune femme, c'est ce dont l'âme a besoin pour s'en aller. Le vieil homme semble profondément triste. Subitement, les servantes tombent toutes à genoux : elles ont senti passer la mort, le médecin le confirme. Arkël est troublé par cet envol furtif et silencieux. Golaud sanglote ; son grand-père l'entraîne hors de la pièce et tâche de réconforter le chasseur. Mélisande, mystérieuse à jamais, si frêle sur son lit de mort, semble à peine la grande sœur de sa propre fille. Cette dernière doit être retirée de cette pièce ; à présent, c'est à son tour.

La lecture

Mélisande a accouché pendant son sommeil. C'est encore là une référence aux contes de fées, plus particulièrement à *La Belle au Bois Dormant.* Parmi les ancêtres du conte de Perrault, la composition anonyme en prose *Perceforest* fut écrite vers 1340 ; elle fait apparaître Zellandine, qui dort dans sa tour après s'être piquée en filant. L'origine du mal remonte à la vexation de l'une des déesses invitées au baptême, et qui n'avait pas trouvé de couteau à sa place au repas. Zellandine, endormie, est honorée par un visiteur, Troïlus, porté par Zéphyr. Elle accouche dans son sommeil et le bébé, en essayant de téter, la débarrasse de l'écharde et l'éveille. Dans une version ultérieure de ce conte, le *Pentamerone* de Giambattisa Basile (1634) raconte *Le Soleil, la Lune et Thalie.* C'est l'histoire d'une jeune femme, Thalie, dont l'horoscope révèle à la naissance qu'une écharde de lin la mettra un jour en danger. Piquée à la quenouille d'un rouet, elle sombre en effet dans un profond sommeil. Abandonnée dans le château, elle y est découverte par un roi qui lui fait l'amour sans l'éveiller (il la viole, traduisent nos contemporains). Elle accouche d'un garçon et d'une fille, des jumeaux. Les bébés, en voulant téter, lui ôtent l'écharde et l'éveillent. Le roi fou de joie appelle les enfants « Soleil » et « Lune ». Mélisande aura donc été absente de sa propre maternité, réfugiée (non pas *« du côté de l'ombre »* comme il est dit dans la scène IV, acte III), mais dans l'au-delà de l'inconscience (sommeil ou coma) pendant l'enfantement, s'inscrivant définitivement en négatif dans l'existence.

Solitude et impuissance sont les deux sentiments dominants dans cette scène bouleversante qui achève *Pelléas*. Plus que jamais, Mélisande est ailleurs, absente. *« Où es-tu ? [...] Où vas-tu ? »*, finit par lui demander Golaud troublé, qui conclut *« elle est déjà trop loin de nous »*. De son propre passé, elle se rappelle peu de choses ; de la mort de Pelléas, de sa propre blessure, de son accouchement, tout s'est effacé. Elle prétend même ne jamais s'être si bien portée, mais avoue sa peur du froid, *« des grands froids »,* seule ombre d'une crainte au seuil de la mort (et qui la rend définitivement touchante). Ce froid morbide, Arkël le ressent aussi, en la voyant dormir *« lentement »* : *« On dirait que son âme a froid pour toujours... »*. Mélisande demeure bienveillante envers Golaud, dont elle remarque l'air hébété, le visage marqué ; elle éprouve de la compassion pour son bébé, si chétif. *« Elle va pleurer aussi »,* déclare-t-elle. De fait, Mélisande (ou, selon l'interprétation d'Arkël, son âme) pleure à son tour, peu après. Croit-elle être près de Pelléas, auprès duquel elle a si souvent versé de larmes en silence ? Dans ce cas, c'est vers lui que Mélisande tend les bras au moment de mourir. Combien de mises en scène, d'ailleurs, font-elles se lever la princesse à cet instant, pour rejoindre Pelléas étendu non loin ? *« C'est dans la Mort que l'amour est le plus doux »,* a écrit Novalis traduit par Maeterlinck. Ou bien, ces larmes sont-elles un signe avant-coureur de la mort, qui entraînerait alors l'enfant comme la mère ? Lorsqu'Arkël déclare : *« C'est au tour de la pauvre petite »*, n'évoque-t-il pas un nouveau décès ? Mélisande, en tout cas, meurt en pleurant comme lors de sa rencontre avec Golaud, acte I, scène II. Vouée aux larmes, elle n'aura jamais pu rayonner pleinement, persécutée par la peur, cernée par la mort, entourée d'aveugles.

Les larmes de Golaud sont d'une autre nature que celles versées par la princesse. Il est ravagé par la douleur et persécuté par cette implacable jalousie. Jamais il n'est apparu aussi touchant. Pour mieux souffrir, là encore, il souffle les réponses, comme à Yniold, acte III, scène V : *« Avez-vous été coupables ? Dis, dis, oui, oui, oui ?... »* Il jure, supplie, implore, ordonne, brutalise encore la jeune femme en lui annonçant sans ménagement l'imminence de sa mort, mais c'est à lui qu'il veut faire mal. Il réalise enfin combien il a fait souffrir sa femme et quelle est sa culpabilité. Lui, l'aveugle, voit clair, enfin. Ce sera son seul bref moment de parfaite lucidité ; il n'y est pas accoutumé, s'en montre stupéfait. Cela lui *« saute aux yeux »,* il le répète : « *Je vois tout, je vois tout ! ».* Oui, il est coupable et s'en rend compte ; mais il a raison aussi pour l'avenir : il mourra tout de même *« comme un aveugle »*. Il en prend seulement conscience, quand la pièce entière l'annonçait d'emblée. Car, s'il devient brusquement témoin de n'avoir pas su aimer Mélisande, il ne parviendra pas à s'arracher de la tête de vains soupçons. Arkël et le médecin reviennent : pour une fois, une porte est ouverte, puis ce sera la fenêtre. Plus de clés, de barres, plus de verrous ni de chaînes ; l'âme de Mélisande, enfin sans entrave, s'en évaporera plus libre. Après avoir une première fois tenté d'arracher un impossible aveu, Golaud lancera une nouvelle tentative désespérée, inhumaine, alors que la jeune femme est en train d'expirer. Mais le chasseur restera aveugle, car il n'existe plus qu'au travers de cette dévastatrice jalousie, une obsession épouvantable dont il n'est plus maître. Le thème de la cécité est évoqué par le biais d'*Aglavaine et Sélysette*, dont l'acte IV, scène VI dévoile en une seule réplique toute la difficulté, presque insurmontable, de la vue : *« Un jour viendra où tu saisiras tout et où tu verras tout ce que tu ne vois pas pendant que tu le vois »*. Car l'essentiel est toujours ailleurs ; il en est de la vue comme du langage, où l'on ne parle jamais mieux qu'en se taisant, où les mots les plus insignifiants révèlent de grandes vérités, tandis que de longs discours demeurent stériles et vains.

Golaud va-t-il mourir, comme il l'annonce ? Ne l'espère-t-il pas simplement par désespoir ? Tentera-t-il encore une fois de se suicider ? Va-t-il s'éteindre, laminé par la douleur ? Continuera-t-il de vivre comme un spectre, ombre de lui-même ? Bien évidemment, la réponse ne figure pas dans l'œuvre. Nous ne pouvons être sûrs que d'une chose : il pense à sa mort, il semble même l'appeler. Son désespoir est réel et sa nature trop terrienne pour envisager de pouvoir continuer à vivre après un tel gâchis. Il éprouve un réel sentiment de culpabilité, même s'il tente de se trouver des excuses, évoquant avoir agi malgré lui. Etrangement, il n'exprime rien au sujet de Pelléas. Sa douleur toute entière, ses remords, sont uniquement tournés vers sa femme. Englouti dans la fontaine des aveugles, le jeune homme semble effacé corps et âme, le souvenir lui-même de sa mort paraît effacé. Les seules allusions formulées se feront au pluriel : *« Ils s'étaient embrassés comme des petits enfants »*, dit-il, *« ils étaient frère et sœur »*. Golaud ne prononce le prénom de son frère que pour soupçonner un adultère. Des petits enfants ! C'est la dernière fois que la comparaison interviendra dans l'œuvre, revêtant, à présent que tout ou presque est accompli, un sens plus terrible encore.

De petits enfants ! D'abord *« petite fille »* (acte I, scène II) ensuite *« à peine femme »*, (acte III, scène IV), Mélisande en tant qu'individu ne parvient qu'à sembler la grande sœur de sa propre fille, petit enfant en compagnie de Pelléas. L'impossibilité d'être qui sévit sur Allemonde est aussi un empêchement d'aboutir, d'accomplir. Les deux héros n'auront atteint nulle éclosion, fauchés au sortir de l'adolescence. La promesse providentielle de l'existence aura été démentie par le poison d'Allemonde, meule broyant les êtres. L'on meurt dans l'œuf, sur cette île. Ainsi, la fille de la princesse est si faible que sa survie demeure douteuse. Tout était joué d'emblée, par la tache de sang indélébile qui souillait l'entrée du château. Golaud ne s'accomplira pas davantage ; veuf au premier acte, il reste veuf au dernier. Il n'aura trouvé ni l'amour de Mélisande, ni la réponse à ses questions. Une quête doublement vaine pour un chasseur manquant ses proies animales, ne parvenant qu'à tuer ce qu'il aime. Quant à Geneviève et Arkël, ils peuvent enterrer, avec la dépouille de Mélisande, leurs rêves de paix pour le royaume et d'harmonie familiale. Ils n'auront pas même le réconfort d'une tombe, pour Pelléas, sur laquelle se recueillir. Leur deuil même leur est volé.

Mélisande regarde le coucher de soleil sur la mer. Dans ses propriétés maritimes, Maeterlinck choisissait toujours des chambres tournées vers le levant car le couchant l'angoissait. La pièce débutait par un lever de soleil sur la mer ; elle se clôt donc naturellement par un coucher. La mauvaise saison arrive, les feuilles sont tombées des arbres : la nature va s'endormir, pour la nuit et pour l'hiver, comme Mélisande va s'éteindre. Là encore, de mystérieuses correspondances sont tissées entre la jeune femme et son environnement. Sans être consciente de l'imminence de sa mort (puisque sans ménagement, Golaud la lui révèle), elle en a une prescience : *« Il me semble [...] que je sais quelque chose... »*. De quoi peut-il bien s'agir ? *« Je ne sais pas ce que je sais »,* avouera-t-elle peu après. Elle ne parvient pas à s'expliquer, comme si elle s'échappait à elle-même, elle, l'éternelle absente, l'insaisissable : elle déclare ne pas tout comprendre, ne pas tout savoir de ce qu'elle dit, ne pas dire ce qu'elle voudrait. Au moins, elle est en paix et confesse :

« Je n'ai plus toutes ces inquiétudes », ce qui, peut-être, explique qu'elle n'ait *« jamais été mieux portante »*.

L'on ne sait pas ce que c'est que l'âme : ce mystère est l'un des plus insondables aux yeux mêmes de Maeterlinck. *« On ne sait pas au juste ce que l'âme a cru voir »*, déclare Ygraine, à l'acte III de *La Mort de Tintagiles.* Flamme insaisissable, l'âme est en tout cas le plus intime de nous-mêmes, le plus pur, le plus vrai. Lorsque les personnages de cette même œuvre à l'acte III, veulent s'embrasser, ils décident de le faire *« jusqu'au fond »* de leur âme. Ygraine est bouleversée de retrouver Tintagiles, elle a manqué de défaillir (acte I) ; elle avoue avoir senti son âme trembler sur ses lèvres. Le comble de la communion entre deux êtres passe naturellement par le lien des âmes, qui parfois se révèlent. A l'acte II d'*Aglavaine et Sélysette*, on lit tour à tour : *« Je sens ton âme mieux que je ne sens la mienne »* (scène II), *« J'ai vu ton âme, [...], parce que tu m'as aimée malgré moi »* (scène III), puis à l'acte III : *« Je t'embrasse sur ton âme »* (scène I). L'âme demeure fuyante, mal connue, cependant : *« Ce n'est pas sur le cœur... c'est sur moi... Je ne puis pas dire où... C'est peut-être sur l'âme »* (scène I), et parfois se trompe : *« l'âme se croit heureuse, quand c'est le cœur qui n'en peut plus »* (scène III). Par la bouche d'Arkël, Maeterlinck évoque l'âme humaine, humble, fragile, souffrant *« si timidement »* : elle ne pèse pas lourd face au destin péremptoire. Loin de passer dans l'au-delà au sein d'un cortège d'anges, elle demeure silencieuse, solitaire, furtive dans l'espace vide et sombre, impuissante et inutile, à peine une silhouette se faufilant subrepticement dans la vacuité sidérale glacée.

Golaud inflige, dans cette scène, un véritable interrogatoire à Mélisande. Une amorce d'interrogatoire intervenait dès la scène II de l'acte I, dévoilant la rencontre de Golaud et de Mélisande ; il la criblait déjà de questions, obtenait peu de réponses. Sa relation avec la jeune femme se résume à une quête vaine et stérile, à une incompréhension, à un questionnement sans fin. Arracher des aveux est une figure fréquente dans l'œuvre de Maeterlinck, sous des prétextes divers. La quête de la vérité n'est pas toujours pacifique et justifie parfois bien des débordements de violence et autres abus de pouvoir. Que ce soit le père aveugle criblant sa famille de questions (*L'Intruse*), Gabriel qui questionne Isabelle (dix-neuvième tableau de *Princesse Isabelle*), Ygraine interrogeant l'enfant (acte I de *La Mort de Tintagiles*), Ablamore voulant arracher des aveux à Alladine (acte II, scène III) puis exigeant de tout savoir d'Astolaine (acte III, scène I) dans *Alladine et Palomides*... Deux interrogatoires, mais bien plus tendres, se font chez *Aglavaine et Sélysette* : acte II, scène III, puis acte IV, scène II ; le troisième, plus angoissant, aura lieu à l'acte V, scène II, pendant l'agonie de Sélysette qui emportera, tout comme Mélisande, son mystère dans la tombe. L'acte I, scène II de *La Princesse Maleine* nous montre l'héroïne sous le feu de questions posées par un Marcellus irrité, pour savoir si elle aime Hjalmar.

Arkël entraîne Golaud à l'extérieur de la chambre où repose la dépouille de Mélisande. Il parle d'elle avec une infinie délicatesse : *« un petit être »,* tranquille, timide, silencieux, *« mystérieux, comme tout le monde ».* Rayon de lumière dans un pays d'aveugles où l'on endure la guerre, la famine, l'obscurité et les tempêtes, elle était vouée à en être incomprise. L'homme reste impuissant face à un destin insensible et incompréhensible, dont seuls quelques fils se laissent parfois saisir, avant de se rompre ou d'échapper aux plus fermes étreintes. *« Il lui faut le silence »,* conseille-t-il pour préserver la paix du lieu où les servantes prient à genoux, semblables aux béguines de *Princesse Maleine. « Il leur faut le silence »*, préconise également le médecin, à l'acte V d'*Alladine et*

Palomides. Ces deux jeunes héros mourront eux aussi : la place d'un grand amour n'est pas sur terre.

TROISIEME PARTIE

« Dire » *Pelléas*

Dire et chanter

Lorsqu'un texte est aussi important, il s'agit de le « dire ». Bien évidemment, à l'opéra, la diction est, ou devrait être, un exercice de base, préalable minimum requis avant toute interprétation. A l'heure de la mondialisation, les distributions des rôles s'internationalisent et de nombreux chanteurs sont amenés à effectuer un travail en profondeur sur la prononciation du français, lorsqu'ils interprètent le répertoire hexagonal. Les uns y réussissent avec brio ; d'autres ne parviennent pas à se dépouiller d'un fort accent, qui revêt parfois un aspect gênant lorsque l'émission du son et l'intelligibilité du texte s'en trouvent menacées. Certes, dans certaines œuvres, les livrets solidement ficelés valent bien davantage par les situations permises et ménagées que par les dialogues construits. Alors, on peut pardonner à certains chanteurs d'escamoter parfois un peu de la force et de la clarté de la langue. Les choses se compliquent lorsque le texte chanté possède une réelle et forte valeur intrinsèque. Que ce soit pour le *Dialogue des Carmélites,* sur le texte de Bernanos, ou pour *Pelléas,* le chanteur doit alors se contraindre à restituer le texte dans une langue impeccable.

Lors de la naissance et des débuts du microsillon, une articulation particulièrement soignée du texte était nécessaire. Charles Koechlin, dans son *Traité d'orchestration,* fustigeait encore les trahisons des micros. Par la suite, un certain naturel est devenu de mise. Les chanteurs ont eu tendance à adopter fréquemment une élocution de plus en plus proche de celle du langage parlé courant. Dans la chanson des années 1940 et jusqu'aux années 1950, il était d'usage de rouler les R. De nos jours, l'abandon du R roulé s'étend au répertoire classique, et permet d'ailleurs parfois d'alléger le phrasé du chant français, quelquefois au péril de l'intelligibilité, ou du moins de la clarté du texte.

La scène lyrique, dans les années 70, a été balayée par le vent tempétueux de la révolution baroqueuse. Ce séisme a conduit les interprètes à remettre tout en question de leur rapport au verbe. Cependant, la prise de conscience des enjeux de la déclamation est surtout restée cantonnée à la musique ancienne. Aujourd'hui, nul ne songe (ou plutôt, nul ne devrait songer) à aborder le *Jeu de Robin et Marion* d'Adam de la Halle (vers 1275) ou *Zoroastre* de Rameau (1749) comme peut être abordé *Elephant Man* de Laurent Petitgirard (2008). Nicole Rouillé, Michel Verschaeve, Olivier Bettens, Eugène Green sont quelques-uns des auteurs ayant permis de restaurer la prononciation du français ancien et de lui restituer son pouvoir expressif, incantatoire, rhétorique. Grâce aux travaux de Patricia Ranum, la prononciation française « vulgaire » du latin, des origines à 1920, est désormais beaucoup mieux connue. Si elle est aujourd'hui fréquemment employée pour des compositeurs de la Renaissance ou du Baroque, elle demeure injustement timide lorsqu'il s'agit de chanter Berlioz, Gounod ou Fauré, parce que les interprètes de ce répertoire n'ont pas été sensibilisés à cette prononciation comme ceux qui chantent Bouzignac, Lully, Charpentier ou Delalande, et que la démarche d'une remise en question systématique des acquis leur est souvent moins coutumière.

Dans le sillage de tous ces travaux, il ne s'agit pas simplement de prononciation. De nombreux enjeux sont en cours : respiration, couleur, timbre… bref, un rapport à la langue, c'est-à-dire un rapport au souffle, au mot, à la phrase, à l'articulation, à l'émission, à la projection, à l'éloquence. En d'autres termes, cette démarche est loin d'être neutre. Il s'agit, en outre, d'un positionnement du locuteur par rapport au texte et au rôle. Loin d'inciter à une identification, selon les esthétiques naturalistes ou véristes, ou selon le modèle du fonctionnement psychologique de l'Actor's studio, il pousse à une distance. Or, aujourd'hui, cette distanciation du chanteur par rapport au texte n'est culturellement pas spontanée, loin s'en faut.

La diction est un art absolument dénué de naturel, mais c'est grâce à lui que le texte devient compréhensible et se charge de toute sa puissance. Pour l'acteur ou le chanteur, l'articulation est évidemment un effort, qui constitue un filtre entre lui et son rôle. Ce recul, en créant un vide, libère une forme d'énergie qui permet une incarnation du verbe. Au sujet du théâtre baroque, Eugène Green, le visionnaire, a déjà tout évoqué, et avec quel génie, de la matière sonore du texte incarnée par l'acteur. *« L'acteur devait appliquer dans la déclamation une articulation qui faisait apparaître un niveau caché de la langue »,* écrit-il dans *La Parole Baroque. « L'effort que l'orateur, en général, et l'acteur, en particulier, faisait pour bien prononcer était un des moyens par lesquels il concentrait et transmettait l'énergie, pour rendre la réalité de la parole et en faire un lieu d'épiphanie ».*

Eugène Green ne s'est pas limité au répertoire ancien. Il a dirigé une collection de littérature orale, dans le cadre de laquelle Manuel Weber a enregistré *Alcools,* de Guillaume Apollinaire. Pour cette œuvre publiée en 1913, la prononciation de l'auteur lui-même est restituée. Bien que la langue française n'ait pas subi autant de transformations depuis la Grande guerre que depuis la Révolution, le texte résonne différemment et gagne une puissance insoupçonnée.

Cette digression nous a permis de mieux sentir la nécessité d'un effort particulier à fournir sur le texte. Désiré-Emile Inghelbrecht, écrivant en 1932 : *« Comment on ne doit pas interpréter Carmen, Faust, Pelléas »,* évoquait la *« multiplication des R outrancière »,* et se nuançait aussitôt : *« Il ne s'agit pas de critiquer les soins apportés par les chanteurs à bien prononcer cette consonne. Mais pourquoi songer à celle-ci plutôt qu'à celle-là ? »*. Et d'évoquer le L, autre *dentale liquide*, diront les linguistes, qui revêt notamment tant d'importance dans la chanson de Mélisande, par l'incantation à Saint Michel, à Saint Daniel et à Saint Raphaël. Hector Dufranne, le créateur du rôle de Golaud, reprochait à certains de ses confrères de prononcer *Pèléas* en oubliant les deux L : *« Il y a cependant deux L, et deux beaux ! »*. *« Dans cette pièce, plus on est asservi et mieux on réussit »,* affirmait ce chanteur, prouvant ainsi que la contrainte et le recul constituent un excellent moyen de libérer une authenticité et une émotion bien précieuses. Ces citations ont été rapportées par Inghelbrecht, amoureux de la première heure de l'opéra de Debussy, qu'il enregistra en 1955, puis chaque année de 1957 à 1963. Ce soin doit évidemment s'étendre aux liaisons, qu'une tendance actuelle voudrait également faire disparaître. *« On dirait que mes mains sont* malade' aujourd'hui *»* déclarent ainsi quelques chanteuses dans le rôle de Mélisande. A moins d'une légère respiration entre *malades* et *aujourd'hui,* la liaison doit être faite, celle-ci comme les autres *: « Je le reconnais à ses voiles », « Tu as eu un peu de délire »*, *« Ce n'est pas à faire pleurer les pierres »...*

Dans ce texte comme dans tous les livrets français, les difficultés résident dans les nasales. N'oublions pas que le Français comporte pas moins de 16 phonèmes vocaliques, soit davantage qu'aucune autre langue latine. En principe, *brun* doit être prononcé différemment de *brin* ou de *pain.* L'usage, dans le langage parlé actuel, s'en est complètement perdu. De nombreux chanteurs sont gênés par les consonnes *occlusives* (T, D, N), principalement lorsqu'elles sont *vélaires* : K, QU ou C (dans *kaki, cas, quand*) ou G (dans *grâce*). Pour les voix aiguës, la tentation est souvent grande d'escamoter les *fricatives* : principalement le CH de *chat*, le J de *jadis* ou le G de *géant.* Ce sont pourtant des consonnes indispensables à l'intelligibilité du texte, mais pour certains chanteurs, leur sacrifice est tentant pour faciliter l'émission du son et éviter sa rupture. Il est évident qu'un tel compromis constitue une tricherie, absolument à proscrire. La gemmination, évoquée par Dufranne au sujet du prénom *Pelléas,* concerne le doublement des consonnes ; il faut en tenir compte, même lorsqu'elle peut sembler étrange, par exemple pour *apporter, attention, année, arriver*, etc. Certes, l'usage s'en est perdu dans le langage parlé ; pourtant, c'est l'un des gages les plus fiables de la clarté d'un texte au demeurant très écrit, et de sa puissance sonore et incantatoire. Pour finir, les E muets doivent être ressentis et esquissés, même s'il ne s'agit pas de s'y appesantir. Notons que, parfois, Debussy n'en tient pas compte : à l'acte I, Golaud demande : *« Oui, mais d'où vous êtes-vous enfuie ? »* ; *« enfuie »* est traité en deux syllabes, c'est-à-dire deux notes. Le E muet doit tout de même être pris en compte par le chanteur, qui l'amorcera à la fin de la note. D'ailleurs, un peu plus loin, Mélisande répond : *« C'est la couronne qu'il m'a donnée »* ; *« donnée »* est bien l'objet de trois notes, les deux dernières unies par une liaison. Outre les indications prosodiques fournies par le compositeur, le E muet doit trouver sa place naturelle, c'est-à-dire demeurer en retrait par rapport aux autres syllabes. Dans la même scène, au sujet de la couronne, lorsque Golaud annonce qu'il va *« essayer de la prendre »,* Debussy prend la précaution d'écrire la deuxième syllabe de *« prendre »* plus bas que la première, bien qu'elle soit aussi longue. Cela ne signifie pas que le chanteur doive y engager la même énergie ; l'intensité de son chant doit diminuer sur la syllabe du E muet. La véritable difficulté pour le chanteur, dans *Pelléas et Mélisande,* réside dans le fait qu'il est en devoir d'assumer pleinement le texte et de le servir autant que la musique. Cette exigence n'est pas aussi courante que l'on croit. Ce respect du verbe redonne au texte sa véritable place et rééquilibre une œuvre qui, si le mot en est absent, perd une grande partie de son génie.

Lors de la création, le rapport des chanteurs à la langue française revêtit une importance de premier plan. L'accent trop parisien du petit Bastin, dans le rôle d'Yniold, irrita, conduisant à son remplacement. S'agissait-il d'un accent « titi » ? Il a aujourd'hui disparu, ne laissant de traces récentes que dans les films dialogués par Audiard. Le léger accent anglais de Mary Garden séduisit le compositeur mais dérangea le public. Nous disposons par chance d'un enregistrement, miraculeusement parvenu, de la chanson de Mélisande. La créatrice du rôle interprète cet extrait, accompagnée par Debussy au piano en 1904. La gravure révèle un accent à peine détectable pour nos oreilles du XXIe siècle, mais elles en ont vu bien d'autres. Mary Garden prononce les nasales, roule les R et respecte les *fricatives* ; ce n'est pas le cas de nombreux chanteurs actuels. Il s'en trouve, dans la distribution dirigée par Boulez à Covent Garden ; certains n'ont ni l'articulation des consonnes, ni même la pureté vocalique ; incités par le chef à *chanter* plutôt qu'à *dire*, ils en deviennent parfois franchement inintelligibles et nous éloignent terriblement du texte, ce qui est insupportable. Heureusement, certaines interprètes de Mélisande, pour ne citer que ce rôle, sont parvenues à atteindre la perfection dans l'intelligence du texte. Irène Joachim, Suzanne Danco, Colette Alliot-Lugaz, Michèle Command, Rachel Yakar font clairement entendre chaque syllabe sans rien sacrifier de leur prodigieuse musicalité. Des chanteuses étrangères parfois inattendues dans ce rôle, comme Victoria de Los Angeles ou Elisabeth Schwarzkopf, se sont révélées fort convaincantes, grâce à une grande rigueur déclamatoire.

Certes, distribuer *Pelléas et Mélisande* relève de la gageure. Les apparences physiques revêtent aujourd'hui une importance de premier plan et l'on ne saurait sérieusement envisager une

Mélisande plantureuse. Les captations audiovisuelles, révélant par de traîtres gros plans de jeunes et fringants Arkël sous leur maquillage, s'avèrent impitoyablement cruelles. La complexité des rôles ne facilite pas la tâche des maisons d'opéra, souvent enclines à privilégier le prestige de grands noms ou de physiques flatteurs au détriment de l'adéquation parfaite entre une voix et un rôle. Il n'empêche ; ce n'est pas à l'œuvre à s'adapter, mais à ceux qui la font vivre.

Une écriture sonore

On a parfois taxé Maurice Maeterlinck d'écholalie, cette tendance spontanée à répéter systématiquement tout ou une partie des phrases. Les répétitions sont en effet nombreuses, ainsi, successivement : *« Ne me touchez pas ! Ne me touchez pas ! », « « Oh ! Oui ! Oui, oui ! », « Tous ! Tous ! », « Oh ! Oh ! Loin d'ici...loin... loin... »,* (acte I, scène II). Il faut rappeler que, dans la première esthétique de Maeterlinck, les personnages subissaient leur vie sans la comprendre ni lui imprimer leur volonté. *« Etres douloureux qui se meurent dans le mystère d'une nuit »*, selon la belle formule de Rémy de Gourmont, ils *« ne savent rien que souffrir, sourire, aimer ; quand ils veulent comprendre, l'effort de leur inquiétude devient de l'angoisse et leur révolte s'évanouit en sanglots »*. L'impossibilité d'exprimer les choses avec de simples mots constituait l'une des forces de ce théâtre. Il n'était donc question ni de phrases longues ou précises, ni de rhétorique, ni d'éloquence, mais d'une expression simple et directe de l'émotion. Dans ce cadre, la répétition est naturelle et illustre précisément à merveille l'incapacité à borner par des mots un ressenti qui submerge et étouffe. En outre, et Gérard Dessons l'illustre avec habileté, la répétition participe non pas d'un effet d'insistance, mais d'un art poétique à part entière, qui développe ainsi *« le mouvement continu de la prosodie et du rythme »*. La multiplication des mots provoque un phénomène d'écho, et la présence de cet écho donne corps à la *« tacite atmosphère »* de l'œuvre, selon les termes de Mallarmé. Le jeu des similitudes et l'entrechoquement de syllabes identiques créent un espace spécifique, un deuxième niveau de langage, soutenant et accompagnant le dialogue des personnages. D'ailleurs, même lorsque les mots ne sont pas répétés, des correspondances sont encore créées par des jeux d'allitération : *«* **Tout** *l'*air *de* **tout***e la* mer *», « Je n'ai pas encore* **regardé** *son* **regard**, *« au dess***ous** *de n***ous** *», « m'asseoir* **ici**, *vers* **midi** *»...* De nombreuses répliques sont ainsi filées par un subtil jeu de miroirs d'assonances, renvoyant d'une syllabe à une autre, d'une réplique à l'autre. A la phrase : « *C'est le navire qui m'a menée* **ici** *!... »,* il est répondu : *«* **Il** *s'éloigne... ».* Cet échange est suivi d'une autre répétition : *« menée* **ici**... **Il** *a de grandes voiles ».* C'est un jeu musical tissé en filigrane à travers la trame de la pièce, pratiquement imperceptible parfois, d'autres fois plus sensible, mais qu'une diction molle, neutre ou non engagée réduit évidemment à néant. Ce jeu se renouvelle même s'il s'agit de sauter d'une scène à l'autre, voire d'un acte à l'autre : *« Pourquoi partez-***vous** *? »* (scène IV, acte I), *«* **Vous** *ne savez pas... »* (scène I, acte II).

Le rapport du chanteur avec le texte doit donc être extrêmement étroit et engagé. Il s'agit de l'assumer, mais aussi de le porter et de le défendre. Un sérieux travail de nettoyage de l'articulation doit être effectué, afin que la « mise en bouche » des sonorités puisse être pleinement assimilée. La respiration, habilement portée par Debussy, y aide considérablement, et sa prosodie parfaitement naturelle est un auxiliaire précieux dans ce lourd travail. Chaque syllabe doit être comprise du public, ainsi que le compositeur s'y est évertué en composant l'un des plus grands chefs-d'œuvre de toute l'histoire de la musique.

Repères chronologiques

Principales publications d'œuvres

Serres chaudes - La Princesse Maleine (1889)

L'Intruse - Les Aveugles (1890)

Les Sept princesses (1891)

Pelléas et Mélisande (1892)

Alladine et Palomides - Intérieur - La Mort de Tintagiles (1894)

Le Trésor des humbles - Douze Chansons - Aglavaine et Sélysette (1896)

La Sagesse et la destinée (1898)

Ariane et Barbe-Bleue - Sœur Béatrice - La Vie des Abeilles (1901)

Monna Vanna - Le Temple enseveli (1902)

Joyzelle (1903)

Le Double Jardin (1904)

L'Intelligence des Fleurs (1907)

L'Oiseau bleu (1909)

La Mort - Marie-Magdeleine (1913)

Les Débris de la guerre (1916)

L'Hôte inconnu (1917)

Le Massacre des innocents - Onirologie (1918)

Le Bourgmestre de Stilmonde – Les Sentiers dans la montagne – Le Miracle de saint Antoine (1919)

Le Sel de la Vie (1920)

Le Grand Secret (1921)

Les Fiançailles (1922)

Le Malheur passe (1925)

La Vie des Termites - La Puissance des morts - Berniquel (1926)

Marie-Victoire – En Sicile et en Calabre (1927)

La Vie de l'Espace – En Egypte (1928)

La Grande Féerie - Juda de Kerioth (1929)

La Vie des Fourmis (1930)

L'Araignée de verre (1932)

La Grande Loi (1933)

Avant le grand silence (1934)

La Princesse Isabelle (1935)

Le Sablier – L'Ombre des ailes (1936)

Devant Dieu (1937)

La Grande Porte (1939)

L'Autre Monde ou le Cadran stellaire (1942)

Jeanne d'Arc - Bulles bleues (1948)

Bibliographie sélective

Maeterlinck, l'arpenteur de l'invisible, Paul Gorceix, Le Cri/A.R.L.L.F., Bruxelles, 2005

Les Affinités allemandes dans l'œuvre de Maurice Maeterlinck, Paul Gorceix, Presses Universitaires de France, Paris, 1975

Maeterlinck symboliste : le langage de l'obscur, Paul Gorceix, *Textyles*, n° 1 - 4, 1997 (rééd.), pp. 13 - 24

Pelléas : la trahison sociale au château, Michel Faure, in Silence n°4, mai 1987.

Maeterlinck, le théâtre du poème, Gérard Dessons, Laurence Teper, Paris, 2005

La vie et l'œuvre de Maurice Maeterlinck, Gérard Harry, Fasquelle, Paris, 1932

Maurice Maeterlinck, Gaston Compère, La Manufacture, Paris, 1990

Carnets de travail, annotés par Fabrice Van de Kerckhove, AML éditions, éditions Labor, Bruxelles, 2002

L'œuvre de Maurice Maeterlinck, M.Esch, Mercure de France, Paris, 1912.

Les travaux de Maxence Rauline sur Maeterlinck et Georgette Leblanc sur :

http://www.canalblog.com/cf/fe/tb/?bid=407095&pid=7886082

Pelléas et Mélisande ou L'initiation, René Terrasson, Edimaf, 1982

Centenaire de Pelléas et Mélisande, études réunies par Philippe Martin-Lau, Paradigme, 2001

Pelléas et Mélisande, L'avant-scène opéra, 1992

Pelléas et Mélisande, dossier pédagogique, Opéra Royal de Wallonie, 2006 - 2007.

Le Symbolisme de Pelléas et Mélisande, Gérard Moindrot, revue Rose-Croix n°211, 2004

L'image de la germanité chez un Belge, Flamand de langue française : Maurice Maeterlinck (1862 - 1949), Paul Gorceix, Revue de littérature comparée, 2001/3, n° 299, pp. 397 - 409

Maurice Maeterlinck 1862-1962, Joseph Hanse, Robert Vivier et al, La Renaissance du Livre, Bruxelles, 1962

Le thème mythique de l'ondine dans le théâtre de Maeterlinck, Michèle Couvreur, *Textyles*, n° 1 - 4, 1997 (rééd.), pp.45 - 50

Claude Debussy, François Lesure, Fayard, 2003

*La pièce qui fait défaut - Lecture d'*Onirologie *de M. Maeterlinck,* Ana Gonzalez Salvador, *Textyles*, n° 10, 1993, pp. 59 - 71

Le motif de la noyade chez Maeterlinck, Christian Lutaud, *Textyles*, n° 1 - 4, 1997 (rééd.), pp. 51 - 61

Notes sur les sources populaires des *Chansons* de Maeterlinck, Jean-Paul Chemin, *Textyles*, n° 1 - 4, 1997 (rééd.), pp. 25 - 30

Le Symbole et l'inquiétante provocation de la Chose, lecture lacanienne de Pelléas et Mélisande*,* Marie Auclair, Université du Québec à Chicoutimi, 1994

L'Espace poétique dans Serres Chaudes *de Maeterlinck,* David Gullentops, Etudes littéraires, volume 30, n°3, 1998

Maurice Maeterlinck, prosateur symboliste belge, Judyta Zbierska-Moscicka, Echo des Etudes Romanes, 1/2005, Ceske Budejovice

Maurice Maeterlinck et l'analogie, communication de Paul Gorceix à la séance mensuelle du 12 février 2000, en ligne, Bruxelles, Académie Royale de langue et de littérature françaises de Belgique, 2008.

Debussy, la révolution subtile, André Boucourechliev, Fayard, 1998

Claude Debussy, Edward Lockspeiser et Harry Halbreich, Fayard, 1980

L'auteur remercie
Maxence Rauline
&
Alain-Paul Diaz

TABLE DES MATIERES

Acte IV

Acte V

Troisième partie « *Dire* Pelléas »

L'HARMATTAN, ITALIA
Via Degli Artisti 15; 10124 Torino

L'HARMATTAN HONGRIE
Könyvesbolt ; Kossuth L. u. 14-16
1053 Budapest

L'HARMATTAN BURKINA FASO
Rue 15.167 Route du Pô Patte d'oie
12 BP 226 Ouagadougou 12
(00226) 76 59 79 86

ESPACE L'HARMATTAN KINSHASA
Faculté des Sciences sociales,
politiques et administratives
BP243, KIN XI
Université de Kinshasa

L'HARMATTAN CONGO
67, av. E. P. Lumumba
Bât. – Congo Pharmacie (Bib. Nat.)
BP2874 Brazzaville
harmattan.congo@yahoo.fr

L'HARMATTAN GUINÉE
Almamya Rue KA 028, en face du restaurant Le Cèdre
OKB agency BP 3470 Conakry
(00224) 60 20 85 08
harmattanguinee@yahoo.fr

L'HARMATTAN CÔTE D'IVOIRE
M. Etien N'dah Ahmon
Résidence Karl / cité des arts
Abidjan-Cocody 03 BP 1588 Abidjan 03
(00225) 05 77 87 31

L'HARMATTAN MAURITANIE
Espace El Kettab du livre francophone
N° 472 avenue du Palais des Congrès
BP 316 Nouakchott
(00222) 63 25 980

L'HARMATTAN CAMEROUN
BP 11486
Face à la SNI, immeuble Don Bosco
Yaoundé
(00237) 99 76 61 66
harmattancam@yahoo.fr

L'HARMATTAN SÉNÉGAL
« Villa Rose », rue de Diourbel X G, Point E
BP 45034 Dakar FANN
(00221) 33 825 98 58 / 77 242 25 08
senharmattan@gmail.com

639241 - Février 2016
Achevé d'imprimer par